變動思維

如何駕馭不穩定的未來，
在變局中發展個人、組織、家庭、企業的新腳本

艾波・瑞妮 April Rinne 著
王敏雯、謝孟達 譯

Flux

8 Superpowers for Thriving in Constant Change

獻給羅倫德和潘妮，
沒有他們，我不會寫出這本書。
也獻給傑瑞，
給予我指引和靈感，更是變動世界裡的伴侶

改變無可避免，但你可以選擇成長。

——領導力大師約翰·麥斯威爾（John C. Maxwell）

國內外各界名人推薦

・本書是份禮物。在改變從未如此迅速的世界，我們需要一條走向韌性與心靈平靜的道路。瑞妮的話語來得正是時候。

——賽斯・高汀，《這才是行銷》作者

・許多人視改變為威脅，但瑞妮的職涯中一直在學習將改變視為機會。她的書是一部令人安心且實用的指南，幫助你用擁抱挑戰而非避免阻礙的態度來看待意料之外的事。

——亞當・格蘭特，《給予》作者

・本書是一道清流。瑞妮完美地平衡了她的個人與專業生活、心與腦，為個人與組織帶來如何在變局中蓬勃發展的創見。對於什麼是忠於你的真實自我、沉著地領導眾人，以及用希望而非恐懼去迎向未來，她說出了不尋常且不落俗套的智慧之語。

——凱茜・卡文（Kathy Calvin），聯合國前任主席與CEO

・擅長變動思維的領導者將形塑未來數十年的世界，他們會計劃與適應未知，以負責任地服務組織與社群。本書提供了發人深省的工具與策略，以練習並強化我們承受不確定性的能力。

——瑪莉亞・列文（Mariah Levin），世界經濟論壇全球青年領袖論壇主席

・閱讀本書時，我不斷想著它對年輕人的適用性，包括也特別是對世界各地渴望學習與領導的年輕女性與女孩。瑞妮帶來一種包容且全球性的觀點；她熟練並充滿創意地結合了紀律，也帶著同理心與寬廣視野來認知世代差異……本書具有普世實用性，能真正吸引力爭上游者與夢想家，他們將學會如何駕馭內在的變動能力，以服務一個恢復生機且公正的世界。

——蘇珊娜・埃勒斯（Suzanne Ehlers），馬拉拉基金會執行長

・在現狀可能是最令人無法信服的時刻，很難想到比瑞妮更適合，也更體貼、更聰明、更善良的人，能幫助我們重新思考我們的道途、優先順序與希望。

——喬納森・齊特蘭（Jonathan Zittrain），哈佛甘迺迪政治學院國際法教授

・儘管你永遠無法控制會發生什麼事，你仍能控制如何回應，以及如何對你想見到的未來作出貢獻。更懂得應付預料之外的改變，你需要變動思維。

——《*Fast Company*》

・如果去年的主題是適應大量的瘋狂改變，今年的主題就應該是努力在改變中茁壯成長。就這點而言，本書是一本傑出的職涯腳本。它將指導你發揮這些變動時刻的最大效益，甚至利用它們變得豐盛繁榮。

——《*Men's Journal*》

・未來學家與作家瑞妮倡導一種思維的轉變，環繞著我們對技能與打造職涯的看法。我們個人的旅程已不再是線性的，而擁抱這種轉變可能打開通往成功的新路徑。

——CNBC

・跨出舒適圈可能很不舒適，但在一個只有改變是恆常的變動世界，擁抱不斷變動向前思維的工作者，才能真正成長為能在未來站上較好位置的人。

——麥肯錫管理顧問公司（McKinsey）

・無論你是在判斷你的生涯、重新衡量你的價值、設計產品、建立組織、激勵同事，或只是想再更全然地投身這世界，打開變動思維並啟動你的變動超能力，將在旅程上幫助你。

——《*Next Big Idea Club*》

・本書充滿智慧，且對所有年齡的人來說都是一記警鐘。瑞妮像位好朋友般讚頌你的本質，並鼓勵你進化。她在本書中完全呈現自己，分享她個人失去與轉變的故事，並細述世界各地的人是如何看待變動。你將不會再用同樣的方式看待改變與不確定。

——奇普・康利（Chip Conleyh），Airbnb 策略顧問與紐約時報暢銷作家

・我們活在一個充滿變動的世界，每一個人都可以發展變動思維，來幫助自己安然度過正在經歷的重大改變。瑞妮書中的方法與大多數人不同，不是在談論「變動管理」或某一「類」的變動，而是關於如何思考變動以及與變動的關係。讀她的書或許無法幫你預測未來，但會讓你更能創造自己的未來。

——書籍發行公司 Porchlight Books

·如果你害怕改變，請讀這本書。本書將幫助你在不可見、不完美與未知的事物中發現力量與美好。

——丹尼爾·品克（Daniel H. Pink），《動機，單純的力量》作者

·本書的見多識廣、深思熟慮與發人深省令人印象深刻，是一本非比尋常、創新，但又真實實用且具啟發性的指南，特別且真心推薦給社區、企業、大學圖書館與領導力課程。

——《中西部書籍評論》（*Midwest Book Review*）

·當我們都在問：「何時可以回到正常？」瑞妮卻創造了一種引人注目的論點，說明為何我們可能不會想回到正常。瑞妮利用她私人與專業的深刻經驗，讓我們明白跑慢一點、探索與信任可以如何帶領我們走上一條更了不起的個人實現、同時釋放更多人類潛能的道路。

——希瑟·麥克高溫（Heather McGowan）

·極具實用性又深刻感人。本書不僅啟發讀者擁抱未知，也給讀者帶著清晰感與意圖

去執行的工具與超能力，是所有學校都應該教導的內容。

——強納森．卡蘭（Jonathan Kalan），個人旅行與工作者平台 Unsettled 共同創辦人與CEO

．在充滿不確定的世界，瑞妮有一種讓你對不知道的事較不感到焦慮的天賦。本書是這份天賦的完整呈現。她能幫助你從希望而非恐懼的角度來看待改變，告訴你如何把自己定錨在真正重要的事情上，並給你踏出下一步的勇氣。

——大衛．凱斯勒（David Kessler），《尋找意義》（*Finding Meaning*）作者

．在這兩年，因為疫情快速到讓每一個人都來不及反應，而切身感受到世界「變動」的威力。也正好讓我們明白小自整個人生，大到整個宇宙，每分每秒都在「無常」裡流動的現實。

然而，來不及因應的變動會讓人對未來迷茫，但轉化變動的思維和行動，卻反而能讓你在大洗牌的機會裡，找到更好的人生角色。

本書就像一只身處變局迷航裡的指南針，以清晰的邏輯運用來導引你徹底翻新思維，進而採取行動，來改寫面對變局安身立命的新腳本。

——田定豐，音樂人、安眠書店主持人

・接受世界的快速改變，並且用正面的態度以對，這樣的「變動性」（Fluxiness）是現代人必有的「生存能力」。同時進行著不同類型的工作，愉快地與不同國籍語言信仰的夥伴合作，對於改變用好奇心與期待來迎接，這些說起來容易，卻是需要不斷練習的內在力量。本書給了讀者非常清晰的畫面與解方，建議對不可知的未來有些恐懼的朋友，好好一讀。你會發現，或許變動，是上天給予我們最棒的禮物！

——凱若，作家、多元創業者

・變動型思維不僅是「成長型思維」與「反脆弱」的能力，更是能夠幫助人們在多變的世界中活出更美好人生的方法，讓我們面對未來，更加從容、淡定、自在與優雅！

——愛瑞克，《內在原力》作者、TMBA共同創辦人

・如果說，改變是無可避免的現實，那麼積極學習彈性應對變化的技能，必然成為未來勝出的關鍵。透過作者分享的八個祕訣，我們將更有機會看見與善用改變帶來的可能性，而不會只困在改變帶來的不舒服與痛苦之中。達爾文說：「最終能生存下來的物種，

不是最強的、也不是最聰明的，而是最能適應改變的物種。」你，準備好了嗎？

——蘇益賢，臨床心理師

・本書介紹的八種超能力，每一種都很重要，而其中「打造多元職涯」更是現代職場人的必備。以我自己為例，在韓國大學教授中文時，就想著如何能以當時的優勢，發展出其他職涯能力，例如，不只是用中文教中文，而是強化自己的韓語，因此後來還能擔任韓語書籍的翻譯；把自己存下來的錢拿來購買韓國房地產，使得現在網上只要搜尋韓國房地產，第一個被找到的就是我，這都是因為我當年就讓自己保持變動思維的結果。

——鄭匡宇，激勵達人

・面對後疫情時代的新常態，我們必須擁抱成長思維，除了不能畏懼變動，更要懂得審時度勢。於是，在此刻閱讀《變動思維》這本好書，誠然是不錯的選擇。我很欣賞作者提出的諸多觀點，希望也會對您有所啟發！

——鄭緯筌，《內容感動行銷》、《慢讀秒懂》作者，「Vista寫作陪伴計畫」主理人

【自序】

在快速變動世界中成功的超能力

沒有一樣事物是靜止或固定的，萬事短暫無常是生命的第一個印記。

——藏傳佛教金剛乘阿尼　佩瑪．丘卓（Pema Chodron）

你最近一次遇到生活上的改變是何時？

我猜應該是這兩天的事，大概是今天稍早時候，頂多是昨天。或許是很大的變動，或許很小，可能是你一手促成，至少你有意願；也可能是猝不及防的痛擊，非你所能控制。時程變動、換工作、家人的身心健康出了狀況、組織上的變動、環境出現變化、政治上的異動、期望變得不同……無一不是切膚之痛。

從某方面來說，改變是普遍現象，而且不可避免。無論你的年齡、職業、文化、信仰、傳統、目標或其他條件如何，改變比人類更早存在，塑造了整部歷史。的確，改變正是你現在活著的原因！

另一方面，改變令人迷失，往往讓你覺得像是解開纜繩的船，漂流無依。過多的改變會綁架你的能力，使你無法專心過好今天，也會影響你對未來的觀感。

人類的確在對抗改變，尤其是並非出於自願的改變。我們對它既排斥又畏懼，卻誤以為自己能夠控制它。你越是設法遏止改變，它越常出現，大力敲你的門。就算我們使出渾身解數阻止它，改變依舊發生。

而且不光是改變，現今變動的步調越來越快。加在一起可能讓人感到嚴苛，甚至有時覺得有些超過（或者太超過）。

似乎我們如今已經來到變化的高峰。還沒有嗎？

但事實很簡單：在即將到來的時刻，可能是今天下午、下星期、下一季、明年或下個世紀，還會有更多改變。未來並非更趨於穩定或必然，而是有更多變數與未知，更難預測。

要在快速變動的世界裡成功，我們就得因應變數，大幅改變人際關係，翻轉腳本（別擔心，稍後你會知道意思），來維持健康有成效的展望。本書告訴你怎麼切實做到，還能幫助其他人這麼做。當改變層出不窮，這本書值得分享、重讀、傳給其他人看，但它談的不是「變動管理」或某一「類」的改變，而是調整態度，以面對變數與未知，學著將每次改變視為機會，而非威脅，不論是今日、明日或今後的每一天。換句話說，本書是為這些時代而寫，且放諸任何時代皆準。

本書一部分是個人的指南，一部分是策略藍圖，另有留白供人探索。本書提出了令人耳目一新、不同流俗的見解，幫助讀者在變動當中找到方向，不光是今日，直到遙遠的未來依然受用。不論你遇到什麼樣的改變，每一種變動超能力皆可幫助你用不同的眼光看待事物，以你自身的真相為基礎，給你更強大的能力茁壯成長。

不論你是在帶領某個組織或團隊、打造職業生涯或者想轉換跑道、開始經營一段感情關係、尋求和平，或只是不曉得下一步該怎麼做，你都將透過變動型思維獲得工具和卓見，從而知道該如何更有效地思考、學習、工作、生活、領導眾人。本書揭示了如何用負責任的態度放慢步調、釐清真正重要的事、做出明智的決定、放開其他不要緊的事。本書挑戰你先入為主的定見與期待，使你的內心充滿希望，不再害怕探身擁抱未來，讓你看清楚自身的特質，培養自信，不再隨波逐流，成為真正的你。

你準備好了嗎？

CONTENTS

國內外各界名人推薦 7

【自　序】在快速變動世界中成功的超能力 15

【導　言】誰移動了我的未來？ 23

「現在就開始，錯過不再」的新常態／「不停變動」到底是指什麼？／並非所有改變都相等／變動的理論／思維模式的根源：神經系統、焦慮，以及成長／步驟一：開啟變動型思維／步驟二：解開你的變動超能力／步驟三：寫出你的新腳本／我踏上變動的旅程／通往變動的路線圖／該怎麼讀這本書

第一章　跑慢一點 61

超能力：跑慢一點／依光速前進的舊腳本／你不是一張待辦清單／生產力是為了什麼，又是為了誰？／與其追求生產力，不如提升專注於當下的能力／保護資產／逃離自身／慢慢地思考，晚一些做決定／從 FOMO 到 JOMO／什麼樣的玫瑰？／跑慢一點：思考練習

第二章 看見無形的事物 93
超能力：看見無形的事物／你的社會與文化取向決定了你如何看、看到了什麼／檢視你的既得權利與選項／你將其他人看成消費者，還是公民？／空蕩蕩的空間／學著去看／讓無形的事物變得可見／看見無形的事物：思考練習

第三章 勇於迷途 119
超能力：勇於迷途／失落的宇宙／迷失≠失去≠失敗／抵換與匱乏／脫離舒適圈，追求成長／並非迷失，只是暫時放錯地方／不確定的別名／探訪未知、擁抱各種可能／小姐，妳迷路了嗎？／勇於迷途：思考練習

第四章 從信任開始 143
超能力：從信任開始／猜疑摧毀創造力／（過時的）規劃破壞了信任／不平等滋生了猜疑／古老的智慧，亙古常在的信任／新腳本的設計源自於信任／新腳本：傳遞信任的領導／但是，這麼做很怪！／我們在變動中付出信任／從信任開始：思考練習

第五章　明白所需　169
超能力：明白所需／關係緊繃的原因：過與不足／以「明白所需」來領導／「越多越好」的經濟學／「越多越好」的心理學／從「越多越好」到「明白所需」／夠好，就很好／明白所需：思考練習

第六章　打造多元職涯　200
超能力：打造多元職涯／多元組合到底是什麼？／從單一路徑改為多元組合／重新定義自己的職業身分，以因應變動不居的世界／打造多元組合／多元職涯與未來教育：迎接終身學習／一起合作：二十一世紀行會／別被目前的工作內容做小了／打造多元職涯：思考練習

第七章　成為更有溫度的人（並服務他人）　229
超能力：成為更有溫度的人（並服務他人）／人性與大腦／服務與受苦／以陰補陽／提高數位智商／希望與意識／本於人性溫暖，以服務為導向／成為更有溫度的人（並服務他人）：思考練習

第八章　放下未來　249
超能力：放下未來／困在過去，害怕未來／害怕放下／掌控：感受與現實的對抗／新腳本：因應變動的三種轉換／再次喚醒你的主體性／關於變化的「問題」／不要太擔心煩惱本身／重新出發／輕輕握住未來／放下未來：思考練習

【結語】　繼續變動下去　270

討論指南　283

致謝　290

參考資料　295

【導言】

誰移動了我的未來？

「艾波，妳現在坐著嗎？」

一九九四年六月六日的傍晚，我站在門廳裡，這棟位於英國牛津、建於維多利亞時代的大房子格局凌亂，收容了來自世界各地形形色色的學生。我花了一個下午洗衣服、收拾行李，打算趁暑假出遊。陽光在窗戶上形成斑駁的光影，可以看見窗外的花園。大學生活還剩下一年，我滿心期待地準備著接下來的旅程。

這回電話上的聲音變得更堅決：「艾波，我要妳坐下來。」隔著半個地球，我姊姊突然打電話來。我們不太親，我猜不透她為何打給我。她不知道我在出發前還想做很多事嗎？

「艾波，媽媽和爸爸昨天出車禍走了。妳現在就得回家。」

我坐了下來，目光呆滯，腳下的地面似乎塌陷。我想尖叫，但叫不出聲。我再叫一次，整間屋子震動了。

你不難想像這個故事接下來的發展，我的世界就此天翻地覆（換成今日，我會說身陷變動）。我生命的根被拔斷，指引的明燈熄滅了。

在那一刻，時間靜止了：未來再也不是我先前想像的那樣，也跟我父母的想像大相逕庭，跟一年前、甚至一小時前的想像都不一樣。

那一刻，我姊姊和我懸浮在未知當中，不太知道接下來要怎麼辦。

我沒料到日後某一天，許多人將有同樣的感受。

「現在就開始，錯過不再」的新常態

時間快轉到今日，無論是美國或世界各地，這段時期都不容忘記。全球各國都見識到一九一八年以來最可怕的傳染病疫情、自一九三〇年代初期以來少見的經濟困局、數十年來最嚴重的糧食缺乏，以及現代人類史上空前的氣候災難。在美國，一九六八年以來就不曾出現的大規模社會衝突讓這一切雪上加霜。上述任一危機便足以動搖情勢，但所有危機同時發生，可就另當別論了。

我們身處於變動不居的世界：職場不斷改變、氣候不斷改變、組織不斷改變、職業生涯不斷改變。教育、學習方式、學校不停變化，公共衛生與地球的健康也不停變動，社會凝聚力在變，金融市場在變，天氣型態在變，家庭生活在變，民主在變，夢想在變，期望在變。我敢說你一定可以多舉幾個例子，讓這份清單變得更長。談到正在轉移的事物與未知，僅僅是範圍就令人敬畏又咋舌不已。

重點不只是什麼東西在變，而是我們所認識的世界演變速度有多快。現今改變的速度是史上最快，但日後看來，可能從來沒這麼慢過。[1]（先停一下，讓你充分理解這個概念。我可以等。）

這個世界似乎天翻地覆，不光是因為疫情或天災、或下一個學年、或懸而未決的工作。本書也不是魔法棒，噗一下就能把它們統統變不見。

現在變動最快的事物有哪些？

這個簡單的練習，可讓你對「變動」的看法更有創意：

1. 別想太多，把你目前生活當中變得亂糟糟的事情都寫下來，列成一張清單。從小處和大處去想，從例行事務的微小改變到日後未知的事物。

2. 如果你願意，把這些事依等級排列。你是否發現有共通的主題？

3. 內心出現什麼樣的情緒？興奮、焦躁、好奇心、困惑……全都合情合理。
4. 請注意不同的變動是否產生不同的反應，或者你的反應在不同時候是否有變化。

讀這本書時，手邊放著這張清單。

本書是基於一項簡單的事實：隨時隨地都將會有更多改變。未來並非更穩定，而是更加不確定。

未來本身也不停變動。

人類不習慣這麼巨大的變動。倘若為情勢所逼，我們幾乎可以適應任何狀況，但整體來說，我們寧可要穩定和熟悉感。即使是擁抱混亂的人，在混亂中也知道還有些不變的事物可以依靠。但倘若變動是我們現在就開始、錯過恐不再的新常態，那麼我們需要準備好，同時掌握工具，在新的現實世界活得朝氣蓬勃。本書就是為了幫助你做到這件事而寫的。

「不停變動」到底是指什麼？

「不停變動」（flux）是名詞也是動詞。用作名詞時，當代最常見的定義是「持續變化」。[2]用作動詞時，意謂著「造成或學著流動」。[3]因此，我們住在一個不停變化（名詞）的世界，而且我們不光是伸展心智肌肉，還得讓它們「流動」（動詞），才會成功。

花點時間觀察你的人生和今日的世界。從某些方面來說，人生以驚人的速度展開。你原本有項人生規畫，如今已停滯，甚至失效了。你的公司有項策略，你的團隊有個計畫，你們家有個時程表，一夜之間徹底改變了。

但就另外一些方面而言，這個世界彷彿靜止了，就此癱瘓、不知道接下來該怎麼做或者會出現什麼。不光是這個世界，或許你也覺得被困住，為此感到沮喪焦慮、左右為難。

總的來說，現實中同時有加快又慢下來的狀況，而且長期存在著變數與各種未知，這一切可能令人生氣、徬徨、緊張不安。但無須絕望，只要花一點時間學會流動即可。

並非所有改變都相等

當然，「改變」的情況不一，有大變革與小更動、內部的改變與外界的改變、個人的改變與專業上的改變、家庭內的改變與公司中的變革、自然的改變與社會上的改變。改變可能一望即知、也可能難以察覺，但依然帶來顯著的效果。某一項改變可能對某人來說很棒，對另外一個人來說很不幸。你可能喜歡私人生活上的改變，卻討厭職場上的變動；或者相反。當然，一切可能取決於改變的形勢。

對大多數人來說，很多改變是自己的抉擇，高高興興地去做。像是展開新的戀情、搬到另一座城市、共組家庭、嘗試一項新運動等等。然而，決定改變和外界強加在你身上的改變是截然不同的經驗。數十年前，知名的家庭心理治療師維琴尼亞．薩提爾（Virginia Satir）提出了包含五個階段的改變模式，強調人類通常願意接受改變，只要它對我們有利。[4]如果我們有權選擇，而且可預見的結果很不錯，我們會樂於接受改變。或者如同制度思想家彼得．聖吉（Peter Senge）所言：「我們不是抗拒改變，而是抗拒被改變。」

但弔詭的是：大體上，不斷變化的世界裡有很多改變並非由你決定；你無從選擇，不管你有無做好準備，這些事就是發生了。

誠然，在理想的世界裡，改變是種抉擇，既是個人的抉擇、也是團體的抉擇。如果我們真的很幸運，我們會準備好迎接此一預期中的改變。但這一類簡單俐落、容易處理、多半令人欣喜的改變，只是一般人每天疲於應付的種種改變的一小部分。那麼其餘的改變怎麼辦？那正是本書的主題。

在不斷變動的世界裡，我們必須學會欣然接受現實：在不久後的將來，會有更多改變，大多是猝然出現，我們無從選擇，也可能兩者皆是。你只需要轉換心態：不再苦苦應付改變，而是駕馭改變，用積極愉快的心態好好運用改變。

變動的理論

不斷變動的世界並非乍然被魔法召喚出來。打從遠古時代開始，改變便是普遍、恆常的現象。但我們對它的理解、從小被教導如何處理（或者不處理）改變，隨著年代不同而演變，主要受到文化規範、社會期望和目前可用的科技等因素所驅使。

如同人生中大部分的事物，社會化過程形塑了我們對改變的看法。你在什麼樣的環境裡，和誰一起接受何種教養？在長輩的教導下，你相信什麼事很重要、什麼事不該做？成功或失敗的定義又是什麼？長輩教導你要害怕改變，抑或擁抱它？

我們每個人在一生當中，都以某種方式遵循著一套腳本。當然並不是只有一套腳本，其實腳本五花八門，全都是你獨一無二的經驗，儘管你有時會忘記這一點，尤其是在你覺得思緒卡住，只想過完這一天，偏偏更多改變猶如不速之客，把門敲得砰砰響的時候。

你可能是移民的後裔，或者你們家從好幾代以前就在某地落地生根；你可能是天之驕子，也可能是不在期待中出生，非但沒有優渥的待遇，還被迫得比其他人更努力工作。你可能得忍受慢性疼痛或心靈創傷，也可能非常健康。你可能有歸屬感，也可能長期飽受漠視，甚至得忍受極端的不公平。你可能生逢戰亂，也可能生在承平年代，或是面臨生存上的危機。上述條件都可能形塑你的人生腳本。

儘管每個人的腳本各各不同，所有腳本都受到同樣的外力與人類的普世經驗所影響，除了極少數的例外，腳本上都寫得清楚明白。

對許多人來說，腳本告訴他們必須認真工作，堅持到底，不管該堅持的事是什麼。這套腳本大概會說，你要獲得好成績、進入聲望很高的大學、獲一流公司聘用。腳本也可能叫你繼承父母的衣缽。為數頗眾的一群人相信，擔任企業高層就是成功，所以你應當一級一級往上爬，成為執行長。瞧！這就是「成功」的定義和配方。

這套腳本大概也教導你越多越好，容易受傷是軟弱的象徵，跑最快的那個是贏家，所以你應該狂奔。它可能叫你去大家聚集的地方——你得融入——而且不能夠相信任何人（頂多相信有血緣的家人）。

當你累積更多的錢財或玩具，你的腳本多半會稱讚你。然而，這套腳本鮮少留意大地之母或古老的智慧，同時經常把新科技視為某種萬靈丹。

這套腳本經常在你達成社會設定的目標時，為你喝采。基本上，它不會問你想要什麼，它會幫你搞定這個。或許你曾試著探詢自己內在的聲音，但你的腳本把它消音了。事實上，這套腳本若要行得通，你內在的聲音必須保持緘默。

當然，這套腳本不會把一切統統告訴你，尤其是在你還年輕的時候。譬如，它絕不會告訴你，在企業內升遷就好像搭乘電扶梯，有可能動彈不得。在你想放棄晉升時，會發現自己被困住，上頭是學生貸款、房貸金額、高昂的租車費用（為了跟同事一別苗頭），或下一次升遷。腳本不會告訴你，享有社經優勢的人就能在電扶梯上卡位，也不會告訴你為什麼許多人擠破頭也無法站上電扶梯，而很多站在電扶梯上的人只想下來。

持平而論，這套腳本只是稍微描繪出某種刻板印象，而且是有意為之。（另一項弔詭：在過去，這是大多數男人的腳本。）我想現實可能要微妙得多。但重點是：每一個人都有一套腳本，而且很長一段時間被腳本牽著鼻子走。腳本泰半是傳承下來的東西，往往被視為理所當然。

然後。

然後，事情運作的方式變得截然不同，急速變動的世界降臨。各種改變如雨後春筍般出現。

其中一些改變早已醞釀多年，但我們卻對它視而不見（或裝作沒看到）。有些改變就像全速進行的火車頭，瞬間對人造成重創。另外一些改變始終不容易理解，即使你心裡有聲音在說情況不太對勁。

不管是哪種情況，舊腳本破滅了。你的腳本、我的腳本，以及許多人的腳本都不再適合當今的世界，或者可以說，它們適合那個已經不存在的世界。但即使如此，這些腳本的影響力流傳至今。無論是生存之道或看待世界的方式，即使早已不管用，大多仍持續存在很長一段時日。它們仍存在於我們的意識當中，而我們依舊根據過時的篩選條件做決定，因為我們尚未汰換不合用的腳本。

本書正是為此而寫。**無論是個人或全體，我們都處於為不停變動的世界寫出新腳本的初期階段**。

儘管舊腳本是由他人寫成，供你依循，你的新腳本卻是由你自己所寫，使你成為真正的你。你的新腳本包含了你的根源，為你指引方向，塑造你成為你自己——即使其他的一切都在改變。

變動的理論揭示了你的舊腳本和新腳本之間的關係，具體地說，是如何將舊腳本轉化成新腳本，以因應這個不斷變動的世界。這項理論可拆解成三道步驟，下面有說明，而且貫串全書各章。

- **步驟一**：開啟變動型思維。

- **步驟二：**運用變動型思維，解開八項變動超能力。
- **步驟三：**善用變動超能力，寫出新腳本。

請記住，如同每個人的舊腳本都很獨特，你的新腳本也反映出獨一無二的你。變動的理論證明了你能夠以何種方式把握變動思維的節奏，培養自身的變動超能力，在世上發光發熱，不管你遭遇了何種變化。

思維模式的根源：神經系統、焦慮，以及成長

在仔細了解變動型思維之前，先來探討人的想法是如何被「設定」的。一個人的思維模式從何而來，背後的驅動因素是什麼？

神經生物學提供了一種答案。人類有兩項主要的神經子系統，是一起運作的。亦即交感神經系統與副交感神經系統。這兩種系統調節同一組體內功能，卻發揮了截然不同的效果。許多人都知道，交感神經系統控制了「戰鬥、逃跑、僵住不動」（fight, flight, or freeze）的反應模式，讓身體能夠採取激烈的行動；而副交感神經系統則是設法讓身體平靜，有時稱為「休息與消化」（rest and digest）作用。

交感神經系統與副交感神經系統通常會協同工作，各自負責控制一組活動。雖然稍嫌簡略，但不妨這麼說：如果你被老虎追，交感神經系統掌管你的反應；如果你正在冥想，則由副交感神經系統負責。不過，人進行大部分活動時，兩者是一起運作的。

這個日益加速的世界卻已經使上述系統失衡。具體而言，我們看到越來越多危險的刺激元素，頻繁出現使得交感神經系統綁架了我們做出適當反應的能力。我們就算沒有被老虎追，身體也會做出類似的反應。有太多使我們誤認為老虎的事物，我們因而喪失了保持冷靜的能力。

如今不只是我們個體的神經系統被劫持，焦慮同樣展現在各個層面上：從個人、組織、到社會層面皆然。許多人不僅對自身的職業生涯倍感焦慮，就連家人、身心健康、銀行帳戶、子女的未來，甚至下一次災難何時降臨，都讓他們焦躁不安。我們對於組織的價值、韌性、文化、競爭的版圖，以及該怎麼做生意都感到焦慮。廣而言之，社會上因地球暖化、不平等、沒有包容心、不正義等議題，瀰漫著巨大的焦慮。再者，數位科技與更多焦慮有關：光是身邊有智慧型手機，就降低了你可運用的認知容量。[5]

今日的領袖面臨排山倒海的焦慮，因為需要操心的事太多。依我的經驗，許多（若非大多數）領袖每天都感到焦慮，即使他們沒有說出口。就算你認為自己並無焦慮，你也極可能有個同事、友人或家人認為自己焦慮。

關於這點，我頗有共鳴。我活到了四十三歲，還沒有體會過不焦慮的感覺（有次某人要我回憶第一次毫無焦慮的經驗，我竟然想不起來，那時我才意識到這一點）。不僅如此，外界越是認定我成功，我的內心就更焦慮。這是自我傷害的惡性循環，而且沒有止盡。

我因為感到恐懼、困惑與羞愧，決定進一步研究焦慮，結果獲得了發人深省的資訊。世上近一〇%的人口經診斷有焦慮症，估計每年為世界經濟帶來一兆美元的損失。[6] 在美國，數字進一步攀升，每四名成人就有一人罹患焦慮症，而有六三%的大學生表示前一年有極大的焦慮。[7]

早在疫情爆發、各種抗議活動出籠、天災、封城、刻意散播假消息、極地冰帽融化、社會情勢緊張，或任何加速正常感崩壞的駭人事件出現之前，這一切便是如此。

當然，身處於緊張不安的世界，在某種程度上感到焦慮是很自然的事，但若我們檢視不斷變動的未來，那麼我們就得將此視為整個社會的焦慮危機：不言可喻的疫情，許多人不肯相信，避免談論此事，然而統計數據和活生生的經驗揭露了另一種現實。

就我而言，這次警鐘不僅使我看清楚自己和焦慮之間的關係，也有助於進一步了解我和變動之間充滿緊張的關係。我一直都在致力於理解變動的概念，但這次經驗為我打開了學習與成長的大門，也因而催生了變動型思維。變動型思維懂得在不停變動的世界中自在流動。

步驟一：開啟變動型思維

開啟變動型思維是將「變動的理論」化為行動的第一步。透過清楚知道並堅守自身的價值觀，變動思維就能幫你將改變視為機會，而非威脅。

我們已經看到改變無所不在，但體驗改變的方式非常個人、依情境而異、源自於你的人生腳本。舉例來說，或許你喜愛某項改變，但某人卻覺得討厭；或許在你而言是改變，對其他人而言只是現狀；或者對某人來說輕而易舉的改變，你覺得非常困難；相反的情況也可能發生。

身處於不停變動的世界，各式各樣的腳本皆已不再適用，是現今一大挑戰。不只是你，許多人（即使不是大多數人）都得徹底檢視人生的腳本。但很多人在亟需寫出一套新腳本時，仍牢牢握住那套過時的腳本不放。你得先開啟變動型思維，才能夠動手寫出新腳本。

不妨這麼想：當周遭事物不斷變化，這套變動型思維使你的心智、身體、精神有所依恃。事實上，**變動型思維有幾項要素：核心價值、輕鬆面對矛盾的情況，以及能夠從希望（而非恐懼）的角度來看待變數**。請記住，這類改變可能發生在個人、組織、團隊、社區與社會層面上，儘管本書主要想釐清你與變動之間的關係，以及你自身的腳本（你賴以安身立命的要素），我們也不妨設想一下企業的情境，若公司的核心價值因組織上的變動受到考驗，該如何因應。（我們會在本書各章反覆審視不同層次的變動。）

我花了些時間和心力才培養出變動型思維。對我來說，**變動思維的基礎是對於人性不可動搖的信念，而這份信念與「致力於服務」、「對於『多元』有明確而深刻的理解」有關**。（你稍後會發現，上述價值的啟蒙源自於我的童年，但我還不曉得要怎麼將這類價值融入我的腳本當中。）所以，當改變驟然出現，或某種變數使我煩惱時，我會立刻汲取許多不同文化的智慧（不限於我從小耳濡目染的文化），而且對別人伸出援手。這些作為並非魔法，不能解決我的困境，卻形塑了我與改變之間的關係。原因在於：其他文化使我得以用不同的視角看待事物，包括一己的期望和目標，而為他人服務強調了人類相互依存的關係，讓我更能夠理解自己人生故事的來龍去脈。兩者都使我內心充滿希望和驚嘆，不再有恐懼，並且提醒我：世上沒有一種方式足以「做出」改變。兩者都強調人與改變之間最有力的關係，往往從內心開始。（再說一次，本書各章會反覆討論這些概念。）

表一說明變動思維的某些要素，告訴我們如何在人生中更廣泛地運用這項思維。你現在怎麼看待、思考這些主題？若其中一項主題讓你大腦內的燈泡熄滅，或誘發激烈的反應（不論好壞），請注意：這項信號想提醒你留意目前的腳本，以及你和改變之間的關係，這就是你的「變動性」（fluxiness）。

表一 開啟變動型思維

你看外界的方式	舊思維	變動型思維
你的生命故事	腳本由他人寫成，供你依循	自己寫腳本，成為真正的自己
人生	往上爬的梯子	流動的河水
職涯	用來追尋的路徑	可加以統整的多種工作組合
期望	外界決定（別人）	內心決定（你自己）
目標	設定具體但難以達成的目標	突發而且多半很模糊，但充滿各種機會
何者可用來衡量成功	一級級的階梯	之後的步驟與新穎的觀點
領導	管理、控制他人，「我」	釋放出他人和你自身的潛力，「我們」
權力	由上往下，守衛型	由下往上，分散型
同儕	競爭者	盟友或通力合作的對象
展望	確定	清晰
改變	威脅	機會
改變引起的情緒	恐懼、焦慮、茫然無力	希望、驚奇、好奇心

變動型思維：改變導向的思維模式

變動型思維衍生自成長型思維，那是由任教於史丹佛大學的心理學家卡蘿．杜維克（Carol Dweck）於三十多年前建構而成，主要用來探討兒童學習的能力。成長型思維意謂著「了解人的能力與智力是可以培養的」。其主要信念在於：(1)你可以變得更聰明，(2)努力使你更強大。[8]這份理解在某些重要方面形成了驅動力，大幅提升一個人的動機與成就，但它無法應付乍然出現的改變，而變動型思維跨出了這一步。

變動型思維提出了數項卓見——所以可在今日的世界發揮極大的力量——其一是**給人安穩的立足點**。若你有變動型思維，就能清楚了解自身的價值觀和新的人生腳本，內心堅定，不管改變是輕輕或猛力撼動你的人生，你就是會把它視為機會。改變不再深具威脅，而是令人期待、樂意接納的轉折。

請記住，找到立足點並不光是指你站立之處的下方或你站在什麼位置上。**找到立足點意謂著有穩定感與清晰度。穩定給你勇氣，使你能夠付出信任；而更清晰的視野指示出方向，使你專心向前。兩者都能幫助你在改變中找到定位，也找到自己在這世上的位置。**你在熟悉情況時，需要掌握很多資訊，包括周遭環境、上方或遠處有什麼，還包括知道去哪裡搬救兵、何處有危險埋伏。有了這個基礎，你就可在世上通行無阻，過好一天的生活、應付某種狀況、熟悉新地方、巧妙應對，或在大幅變動的世界裡生存下去。

為你的變動型思維設定基準線

找到你的變動型思維或許不像你以為的那麼容易。要是真的一找就有，我就不會寫這本書，你現在也不會讀著它了。先找出那道變動型思維基準線是不錯的起點。

這道基準線並不是為了給變動型思維下定義，比較像是用來檢視你與改變之間關係的診斷法，亦即你的變動性。它可以當成工具，在你閱讀本書時給你指引，幫助你看清何者引起（或不會引起）你的負面情緒，找出於你而言威力最強大的變動超能力。別想獲得正確的解答，因為沒有標準答案。你倒是應該留意湧上心頭的想法，包括：「我不曉得耶。我從來沒認真想過這件事！」

內心的指南針：價值觀

- 你人生的意義和目的從何而來？它是否隨時間而不同，如果是，是如何發生變化的？

- 當面臨種種變數時，你向誰尋求什麼樣的協助？
- 不管在何種情況下，你對誰（或什麼事）的承諾始終不變？
- 若你失去了既有的優勢，是什麼「讓你成為你」？
- 如果你家被燒光，珍貴的財產也付之一炬，是什麼「讓你成為你」？

對外界的反應

- 若你在某件事上花了比預期更長的時間，你是覺得煩躁、抑或心平氣和，知道延誤是有可能的？（見第一章〈跑慢一點〉）
- 若某項事物無法衡量，它是存在的嗎？（見第二章〈看見無形的事物〉）
- 若你走錯方向，發現自己置身於全然陌生的地方（並無意願造訪），你會覺得受挫，還是對這個新地方充滿興趣？（見第三章〈勇於迷途〉）
- 一般人是可以信任的嗎？（見第四章〈從信任開始〉）
- 你送禮物給某人時，會把它看成損失還是獲得？（見第五章〈明白所需〉）
- 假如你今天失去工作，你的專業身分是什麼？（見第六章〈打造多元職涯〉）
- 如果你一整天都沒有智慧型手機可以用，你是坐立難安、還是心平氣和？（見第七章〈成為更有溫度的人〉）

・你認為是誰或何物控制了你的人生？（見第八章〈放下未來〉）

最後，

・問自己，哪一個字最能夠形容你目前和改變之間的關係？

先保留目前的想法，稍後閱讀各章時，再回頭想想這些問題，看看你的基準線有無變化，以及變化是如何產生的。

花點時間思考，不同的文化是如何找出人世間的方位與生存之道？例如：

・數個世紀以來，北極星與南十字星幫助探險家辨識方位，指引前行的方向。在劇烈變動的時代裡，你用什麼充當北極星或南十字星？

・某些航海文化可從地平線的變化、雲的飄移、浪潮的起落來預知天候。儘管並無「立足點」，水手卻能充分掌握周遭環境的變化。你要如何穩健地踩在改變的浪頭上？

・瑜珈哲學中的「凝視點」（drishti）是為了培養專注，使你保持平衡。你的目光可以聚焦於牆面上的圓點、地板上的某物，或遠在地平線之外的某一點。在變動的世界中，你的「凝視點」是什麼？

北極星在你的頭頂上方，地平線在遠方，而你凝視的那一點就在前方。上述事物都無法以實際的土地來界定，卻能幫助你辨明人生風景的方位，在其間有立足點。

當我們承受過大壓力時，很容易感到迷失。我們不知道自己身在何處，失去了方向和正確的眼光。當變化接連來襲，我們更容易迷路，也就更難找到路徑回去。

不妨將變動型思維想成是新鑄的偵測改變的指南針。當你身處於變動的環境，它給你立足點，引領你熟悉環境，不致迷途。它不只是你的北極星、凝視點、衝浪板，更是你在海上漂泊時最想回到的那片陸地。它是基於你的核心價值、反映出真實的你，不管發生了什麼改變，你都可以忠於自我。

如果你正在想：「所以我要用變動型思維來做什麼？」那就對了。繼續讀下去。

步驟二：解開你的變動超能力

一旦你開啟變動型思維，或至少願意承認：是時候好好面對改變，跟它建立起更健康的關係，你可能有點坐立難安。現在怎麼辦？

下一步行動是運用你的變動型思維，來解開變動超能力。為了巧妙因應這個不斷變動的世界，這些超能力是必要的紀律和做法，你可加以應用並整合到生活中。

八種變動超能力分別是：

1. 跑慢一點。
2. 看見無形的事物。
3. 勇於迷途。
4. 從信任開始。
5. 明白所需。
6. 打造多元職涯。
7. 成為更有溫度的人（並服務他人）。
8. 放下未來。

每一項變動超能力都會幫助你從新的角度看待改變，採取新方式回應改變，最終重塑你和改變之間的關係。若多種變動超能力結合在一起，就能讓你拋開恐懼、焦躁、茫然無力等情緒，改以希望、驚奇與好奇心來面對生活。每一章清楚說明一種超能力，它本身就很有用，若跟其他超能力結合，會有相乘的效果。

很多時候，你早就具備這些超能力（至少內心擁有超能力的種子），只不過經常被隱藏、埋葬，或不易看見而已，這是因為社會化過程中出現的各種外力、眾人的說法、支持舊腳本的制度，都要你拋開這些超能力。有了變動型思維，現在正是發現、重新找回與運用這些超能力的時候，而且極有可能辦到。你可透過表二，仔細審視兩者的不同。

表二　腳本、習慣與超能力

舊腳本和以往的習慣	新腳本與變動超能力
跑快一點	跑慢一點
專注於有形的事物	看見無形的事物
待在既定的車道上	勇於迷途
不信任任何人	從信任開始
越多越好	明白所需
找到一份工作	打造多元職涯

聽命於科技	成為更有溫度的人（並服務他人）
預測並控制未來	放下未來

變動超能力就像是餵養心靈的日式便當，每一項超能力都是一道營養豐富的珍饈，可以單獨攝取（練習），而全部加起來就是既滋養又美味的一餐。每一項變動超能力用不同的方式凸顯你的變動性，它們彼此互補，可視為一份菜單，而非課程大綱。

對大多數人來說，某些變動超能力就是比較容易（或比較難）培養，取決於你檯面上的問題，以及人生腳本的性質。同樣地，同一種變動超能力對於同一個人，可能在不同的人生階段也有不同的影響力。譬如說，有職業倦怠的人或許一開始要先學著跑慢一些，反之，覺得自己無法控制局面的人可能希望放下對未來的執著。（在你放慢腳步的過程中，也會更懂得放手，反之亦然。）不論是哪種情況，這些變動超能力都不需要你內心以外的東西：不需要時髦的科技、極高的智力，連App都不需要。

變動超能力和變動型思維的關係猶如輻條和軸心：變動型思維是軸心，而八項變動超能力則從軸心向外輻射（見圖一）。每一項變動超能力皆可單獨存在，但透過軸心相互連接。一旦你開啟了變動型思維，變動超能力就能開始運作。

或許你已經注意到此處有個不太尋常的轉折：**唯有當你開啟變動型思維，並且相信新**

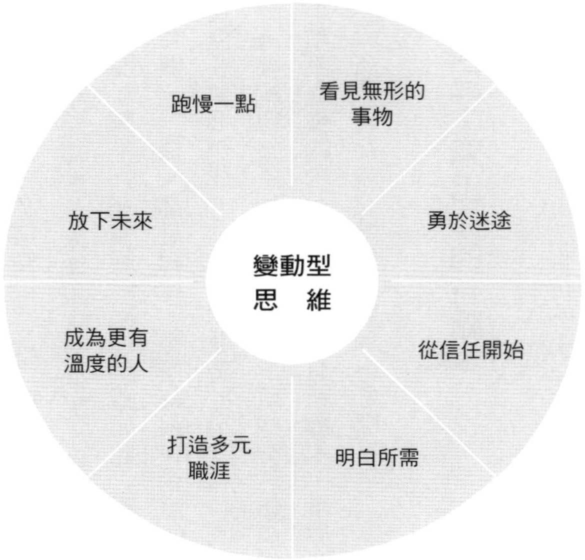

圖一　變動型思維與變動超能力

的腳本最適合未來的路途，變動超能力才會開始發揮效用。若你無法擺脫舊腳本的桎梏，你便會將變動超能力視為麻煩，或者覺得好像不太正常。你會說慢慢跑就是在偷懶，放下未來等於宣告放棄。但是新腳本完全不是這麼說的。

同樣道理，新腳本並沒有說你不必再快跑，或者不該偶爾運用科技，更未暗示工作一無是處，或者我們不該賣力工作。這些指控純屬斷章取義，變動的理論絕非如此。

反而應該說，新腳本與根據新腳本引申而來的變動理論認識到，我們為了追求事物，已經跑得太快太遠，卻不曾停下來思考這麼做是否明智、是否可長可久，或者我們要的究竟是什麼。你追尋的目標是什麼？理由呢？你全力以赴是為了誰設定的目標？這些目標是否反映出你最好的一面？

變動超能力並未顯現在我們從小被灌輸的層面上，因為這些超能力是新腳本的一部分，而新腳本仍在發展階段。話雖如此，**變動超能力和以往備受重視的能力**（很難改變的舊習慣）**一樣，都是紀律**。慢慢跑跟在倉鼠的滾輪上快跑同樣需要嚴格的紀律（有人說其實需要更多紀律），放手和執著於早就過時的定見一樣需要紀律（再說一次，有人會說需要更多紀律）。和平不是消極。這些突然頓悟的道理可能會造成不快，尤其是舊腳本早就牢牢刻在你的內心。但你手上有新腳本，世界可要當心點了！

所以現在就來談談新腳本，好嗎？

步驟三：寫出你的新腳本

將變動理論付諸實行的第三個步驟，是活用變動超能力來寫出你的新腳本。你的新腳本使你有能力轉化你和改變之間的關係，把最好的自己呈現給這個世界。

正如每個人的舊腳本是根據個人的生活經驗而寫，故而獨一無二，你的新腳本也將反映出獨一無二的你。這是新腳本最令人期待的地方：只有你可以寫！沒人能夠為你代筆，也沒有人寫得出一模一樣的腳本。它是為你量身打造的！

關於你的新腳本，我無從預測具體的內容，但我經常看到變動超能力在某些方面，協助打造出專為急遽變動的世界改寫的新腳本：

- 在你練習跑慢一點的時候，你會開始渴望平靜的步調。你習慣與沉默為友。
- 當你開始看到無形的事物，就會發現各種機會一一浮現，猶如神奇的新宇宙；你也會發現自己被舊腳本蒙蔽了雙眼，長期對這些真心關懷的事物視而不見。
- 當你嘗試迷途，即使事情並未按計畫進行，或者計畫生變，甚至你不知道接下來會發生什麼事，你也會覺得欣喜。
- 當你學著信任他人，你會渴望更多的信任。你更能夠贏得他人的信任，同時讓他人自然展現誠實可靠的一面。
- 當你明白所需，你開始活得更富足，更能夠照顧好自己和他人。
- 在你嘗試打造多元職涯時，你不再把工作視為「擁有或找到一份職缺」，也不再擔心失業，而是抱持著信心，逐漸在未來職場上佔據更有利的位置。
- 當你盡可能讓自己成為更有溫度的人，你和其他人（以及你的心理健康和睡眠）的關係就會好轉。你總算可以重新調整你和科技之間的關係，不再受到它的宰制。

・當你學著放下未來，你會看到一個更光明的未來。

聽起來很棒，不是嗎？但還不只如此而已。

經過一段時間，這些事物（你的新腳本、變動超能力、你的變動型思維）會互相增強彼此的力量。你越努力培養其中一項力量，就會發現其他力量也變得更強大、更清晰。你不妨把它想成是一＋一＝十一。

你的變動超能力鍛鍊得越純熟，你自身的變動型思維就會運轉得更加順暢。而在你呵護培育變動型思維的同時，會更懂得將變動超能力發揮到極致。

我喜歡把變動型思維想成是火箭推進器一類的東西，在推動你的人生，也促進你和改變之間的關係。你的變動超能力則是火箭的燃料。就實踐新腳本而言，兩者缺一不可。在兩者協力之下，你在變動中踏上了不斷演變、極度刺激（甚至不可思議）的旅程。

不論你是想拓展職業生涯、重新檢視自身的價值、思考新的產品設計、帶領整個組織的變革、設法鼓舞同事，或純粹想要更加投入這個世界，都得運用你的變動超能力，撰寫出新腳本，它賦予你在世間更自在流動的力量。

我踏上變動的旅程

自從在那個重要的六月下午接到姊姊的電話之後，我便開始反覆思索人——從個人、組織、社會的層面出發——是怎麼適應改變的。我在這堂體驗哀慟的速成班中，感受到焦慮、恐慌症發作，也學著重新建立自己的人生，並且找到意義，種種不同的方式都是為了適應改變。後來，我接觸到未來主義與複雜理論（complexity theory），兩者皆設法理解改變，以進行調整與適應……但兩者的出發點迥異於哀慟。我經歷了這一切，同時透過旅行，透過對其他文化的理解，同時體悟到連結每一個人的東西，正是我們共通的人性，產生了更多的啟發與深刻的觀點。接著，我把擷取自各處的新穎觀點一層層鋪排，進行混合與融匯。

這趟旅程一開始真的很不順，雙親死後不久，我的內心開始出現很不理性卻極為真實的恐懼，覺得自己只剩不到一年時間可以活。如果身旁最親近的兩個人毫無預警就消失，同樣情況可能降臨在我或任何人的身上，不是嗎？要是我明天就死去，我是否在世上存在過真的重要嗎？雖說我只有二十歲，這卻是一場不折不扣的中年危機啊！

父母逝世後不到兩年，我大學畢業，再次變得心灰意冷。是時候進入現實的世界（彷彿我尚未嘗夠現實的滋味），讓自己成為有用的人了。不僅如此，我還得完成父母的遺願，彰顯雙親傳承給我的一切。我得確實知道自己應該做什麼，而且要臻於完美，比大家原先設想的更好。我覺得自己必須盡快完成這一切，因為我搞不好明天就死了。

對嗎？

我錯得離譜。

我們會在接下來的章節談到，這次事件在許多方面為我種下了不停變動的種子。我失去雙親時，既無任何一項變動超能力，亦未開啟自身的變動型思維。我嚴重欠缺變動的力量。我被舊腳本牢牢綑縛，並不知道很多人已經寫出了新腳本。我父母思想開放，甚至有些叛逆，但他們也是依循舊腳本而活。

隨著經歷來自四面八方的改變，我和改變之間的關係趨於好轉，也開啟了變動型思維。雙親猝逝帶來巨大的改變，改變了我的人生、家庭、對未來的規劃。我別無選擇，只能設法應付突如其來的劇變，不管我喜不喜歡，或者有多困難或多麼令人心痛。我的變動型思維啪地打開，從那時起，我一直在積極尋求改變，感受到即將降臨的改變，也在我和其他人身上見證到改變。每一次經驗都教會我：**無論是否樂於接受，「各種」改變都會進一步開啟一個人的變動型思維**。若你的人生出現更多改變，你就會有更強大的變動型思維，當然前提是你肯探身擁抱改變。

用新腳本在變局中領導

如果你正在讀這本書，你可能同時具備領袖與追尋者的身分。但你是哪一種領袖？

舊腳本給「領導」下了一個相當狹隘的定義：領袖是位居階層頂端的少數人，負責管理、指揮，發號施令，經常得控制其他人的行動。其他人都期待領袖有答案，牢牢把持權力，廣受矚目。在商場上，領袖要在競爭中贏得勝利。

但是在變動的世界裡，手上又有了新腳本，對優秀領袖的要求顯然有所不同，可以從領袖的重要特質，以及誰有資格成為領袖兩方面來討論。如果你在舊腳本的脈絡底下是「傑出的領袖」，也未必能夠在世界天翻地覆時維持有效的領導。事實上，老式的技巧可能成為障礙，而一切取決於你和改變之間的關係：你是否有能力帶領自身和他人度過並超越變動的局勢，進入下一個階段。

譬如公眾平台 Leaders on Purpose 於二〇一九年進行的研究發現，能夠坦然面對風險和不確定，是今日最重要的領導技能。一流的領袖和其他人最大的不同是，他們在情況不明時也能抱持信心、安穩前行。[9] 換句話說，**優秀的領導才能在變動中並非尋求確定，反而是以清晰的願景為目標**，意思是**同時知道什麼時候該做出艱難**

的決定，即使它與舊腳本的標準背道而馳。

此外，這套新腳本清楚告訴我們，領袖不光是指一路晉升到高層的人；許多人都是領袖。在變動的世界中，「領導力」（Leadership）很可能來自四面八方，不僅僅限於高層。它具備了「新權力」攸關網絡、生態系統、集體智慧的原則。[10]（請記住：網絡當中最堅固的節點並不是最大、最炫、最久，或看起來最厲害的那個點，而是連結最緊密的點。）變動型領袖設法和他人一起領導，而非只靠自身領導。

葛瑞塔・童貝里（Greta Thunberg）就是一個例子，她可說完全不符合舊腳本的領袖標準：太過年輕又好勝，不太理會別人怎麼想。但她清楚看到氣候變遷必然產生毀滅性後果，滿心只想激發他人採取行動，而且並非著眼於一己的利益，而是為了達成集體的目標，她因此成為最適合詮釋新腳本的領袖。

為了評估你是否具備變動型領袖的能力，釐清哪些地方需要改進，請先回答以下幾個初步的問題：

在一到十分的量表上，你會給自己在變動中的領導能力打幾分？你的摯友會給你打幾分？

- 你傾向從「我」還是「我們」的角度來思考？
- 你樂意和他人共享權力嗎？
- 你會為你組織的應變能力打幾分？有特別敏感的主題嗎？最優秀的一群人、團隊或部門是否比他人更富變動性？
- 距今五年（兩年或十年）以後，你想要成為什麼樣的領袖或追尋者？想進入什麼樣的組織？

讀這本書的時候，把這些答案放在手邊。

就在我的變動型思維啪地打開後，我開始思考自己是否具備變動超能力。感覺上有點難以承受。我要學的東西太多了。所以，我決定先專注在其中一項不容忽視的超能力：放下未來。失去雙親也意謂著喪失了我一心認定的未來，這樣的未來再也不會出現。但幾年過去了，我開始進行實驗，大肆想像，跟更多剛認識的人交談。我在這個過程中逐漸發現那份舊腳本非常不適合我的個性。我著手描繪另外一種未來：不同的生涯道路、不同的優先順序、不同的處世方式。即使社會上的眾人說向右轉，我也會試著先傾聽自己內在的聲音，它有時輕推我，要我向左走。

請注意，那時還沒有一套完善的知識體系足以說明此事，至今仍然沒有。但我練習越多次，就做得越好。現在我可以為自己的未來描繪出十幾種版本（或任何人的未來），然而最終只有一種版本會展開，我已經知道該如何放下對其他版本的執著（意思是，把最多時間花在最有可能的未來上）。

在同一時期，我也著手嘗試「付出信任」與「勇於迷途」的做法是否可行。即使覺得這個世界不值得信任，也不算是愚蠢或悲慘的人生。但要是你活在恐懼與不信任中，那會是什麼樣的未來？我不想要這種未來。所以我再次挖掘自己的舊腳本，發現我曾經付出過信任。我再度啪地打開自我，使受傷的心癒合，也看看付出信任是否行得通。我自此從未再回頭。（你將會發現，從信任開始並非表示一味天真地相信人，也不表示事情會按照計畫進行，而是另設一個預設值，讓你有信心面對改變。）

情緒和旅行這兩股力量大大提升了我真正勇於迷途的能力。我人生中第一次面對死亡便是雙親過世，我頭一回出席葬禮就是他們的葬禮。我在情緒上混亂失據，沒有指南針、路線圖、「凝視點」或任何別的東西。日復一日，我逐漸學到新方法，重新掌握方向感，從寫日誌到發現自己靈魂深處的驚奇（而非恐懼）。後來，我大著膽子從地球的一頭飛到另一頭，不知道自己今天會遇見誰，也不曉得當天晚上在哪住宿，但我只感到驚奇（而非恐懼）。一次又一次，我發現**人可以創造恐懼，也可以趕走它，端視你告訴自己什麼樣的故事**。

二十年後的今日，我有按照新腳本打造的多元職涯。我經過多次修正才培養出這項超能力，然而，雖說我的生涯旅程不管從哪種標準來看，都是不按牌理出牌——可能有人覺得我是每隔幾年就跳一次崖（改行）——我只問自己一個問題，由它指引我，給我立足點：**要是我明天就會死，今天這個世界需要我為它做什麼？**

（這個問題有一個額外的好處：每年生日時，我總是因為活著而感到驚嘆。）

另外幾種超能力得花更多時間釐清，磨練純熟。我天天練習每一種變動超能力，寫出自己的新腳本是一生的職志。但我早就明白，儘管世上變數極多，我明天很可能還不會死，那麼，還有比這個更值得投注心力的追求嗎？

通往變動的路線圖

過去二十五年來，我有無數次機會思索自身通往變動的旅程——尤其是什麼做法行得通、何者行不通——並且引導他人也順利度過改變。有幾項觀察心得和見解特別明顯，我把它們視為里程碑，幫助你在改變的人生風景中前行，並且寫出持續變動的新腳本，它是你通往變動的路線圖。

- **價值觀有許多種面向**：經常提到的有一己的信念、獻身於服務、致力於某項志業（無關個人利益或輸贏）、關懷兒童或人類。
- **你和改變之間的關係始於內在**：許多人把他們和改變之間的關係弄反了，只看重「變革管理的策略」或「挹注心力於外界的變數」，卻未能體認到每一項策略、挹注的心力或所做的決定，基本上是由你的內在世界，亦即你的思維或心態，加以過濾取捨。（你是用希望或恐懼的眼光來看待改變？這並非策略，而是思維方式。）先關照一己的內在，也就是你和改變之間的關係，那麼外在的動態就產生意義，獲得前所未有的明晰。
- **除了你，沒人能夠寫你的新腳本，你也無法為他人代寫腳本**：我們可以從別人身上學到很多東西，尤其應該效仿已經寫出新腳本的人。但是，除了你自己，沒有人可以成為「完全的你」。
- **學著變動需要花費心力，卻令人振奮**：對你以及這個世界來說，這份努力都有回報，而且會在許多方面顯現出來，它帶來的回報或許比你做過的任何事都多。

一生當中，你會有很多次機會練習打開變動型思維，開發你的變動超能力。別把事情想得太複雜：不管你此刻面臨什麼樣的變動，就從它開始。不論情況如何，只要記住：這些技巧不是只用在今天或今年，也不光是用來處理昨天發生的那件大麻煩；這些超能力足夠你一輩子受用。

該怎麼讀這本書

本書的鋪排簡單明瞭：每一章介紹一種變動超能力。你想從哪幾章先開始讀都可以，從頭讀到尾很有效，但沒有硬性規定。全書各章提及其他超能力時，皆有列出參考資料，所以不妨讓好奇心帶領你往下讀。每章都包含了練習和問題，有助於訓練培養某一種超能力，強化你的變動型思維，而你的新腳本也會在過程中逐漸生根茁壯。各章的末尾列出五個問題，將幾項主題濃縮在內，也讓讀者停下來沉澱、思考。

本書提出了不少跟變動有關的新詞彙，豐富了我們的語言，也為你的新腳本和變動理論打下基礎。許多人都已感受到變動在持續，而且速度日益加快，覺得自己在未知中摸索前行，但整體來說，我們仍缺少豐富的詞彙來進行談論。誠然，光是為問題下定義不足以解決問題，但要是我們缺乏正確的字彙，很難讓有意義的對話浮上檯面。本書是為了喚醒大眾的意識，激發討論，探討如何一起學習變動。

「變動」一詞屬於這個時代，也屬於未來。本書也適合這個時代和未來的世代閱讀，
希望你和每一個與你有交集的人，都能從中獲益。

第一章　跑慢一點

人類在迷途時跑得比較快。

——美國心理學家羅洛・梅（Rollo May）

選一個跑步的理由吧。每星期都有令人意外的新改變，甚至可能一夕數變——或許是新的行程表打亂花了很長時間才建立的例行常規、跟不上進度的團隊、眼前出現了稍縱即逝的機會，抑或是你不知道哪天付不出房租，或者你擔心自身或家人、朋友的安危，甚至擔心有大量融冰的地球。

你應該走路、短跑，還是待在原地就好？

個人與團體無不絞盡腦汁苦思這個問題，設法找出答案。職場上若出現不確定的局勢，人力資源主管多半主張必須「盡快開除」員工。一旦你發現營業收入來源變得不確定，最簡單的做法就是縮減團隊規模。畢竟對大部分組織來說，薪水是財務報表上最大的一筆預算支出。

但要是我們仔細查看研究資料，就會發現事實恰好相反：自一九八〇年以來，比起很快開除人的公司，盡可能延後解僱員工的公司長遠來看績效更佳。[11] 原因何在？

結果發現，不光是一流人才很難取代，解僱也會嚴重影響整個團隊的士氣和生產力。[12] 組織若將經濟效率看得比根本的公平更重要，總有一天會露出真面目。價值和信賴感不易彌補。

在此我們學到的教訓並非絕對不可解僱人，或者不該採取快速的行動，而是：快速反應未必是明智之舉。在變動不居的世界裡，跑得最快未必總能最早抵達終點。

超能力：跑慢一點

若你想在步調快速的世界裡茁壯成長，放慢步伐吧。

這個亂糟糟的世界對你威迫利誘，叫你再跑得更快些，但你必須反其道而行，才能夠真正成長，達成成就，而關鍵在於學會跑慢一點。

老掉牙的腳本說我們必須跑快一點才跟得上，但在不斷變化的世界裡，賽跑的條件也不一樣，因為終點線一直在移動。無論是商場上的要求、家庭或家人的優先順序、必須同時完成好幾件事、一段需要小心呵護的感情，或有殘酷的變數需要釐清：我們跑得越快，越是沒有停下來休息、思考，或甚至沒有留意狀況，一段時間後結果就會每況愈下。

但對大多數人來說，跑快一點仍然是人生的預設值，我們陷入舊腳本的窠臼，前景看起來很不妙，尤其是在我們獨自快跑時更是如此。

當我們學著跑慢一點，從各方面來說都會有更好的結果：更明智的決定、壓力減輕、更具韌性、更健康、更敏銳洞悉內在的情緒與直覺、專注察覺自身的狀態、清楚了解自身的目的。弔詭的是，放慢腳步給我們更多時間，減輕焦慮，也在很多重要的面向提高我們的生產力，跟職業倦怠說再見。事實上，**很多類型的成長只有透過休息才會出現**。

我花了很久時間才學會放慢腳步。我大部分的人生都卯足全力跑向別人設定的目標，並且逃離內心害怕的事物，卻很少思考為何這麼做。我父母過世時，我想要盡量跑快些，以逃離這種情況，但是我辦不到。我堅守立場，就這樣開始練習這種超能力。我還得花上許多年才真正明白，這一切使我的內心、以及我與外在世界的關係歷經了什麼樣的動態變化。

如今我的腳步比以往緩慢許多，雖然還是有進步空間。透過反覆試驗與刻意練習，我已經懂得珍惜停頓的力量。我更懂得活在當下，不再那麼焦慮。說來很不好意思，但我得承認以前跑得很快，對很多事視而不見，現在才發現某些原本我害怕的事物，甚至成了我快樂的泉源。

先說清楚，跑慢一點並不代表停步、怠惰、停滯、缺乏目的，或者毫不關心（可能是最讓人驚異的反對理由），也不表示只要度個假、下載一款App，或找到既快速又可一勞永逸的方法，就能解決這種情況（諷刺的是，這麼做往往造成極大的麻煩，因為你設法「解決」的東西一直在變）。其實，跑慢一點意謂著一直在移動，不斷探問，可以一直用這種步伐跑下去，也表示有足夠的關切，讓心靈平靜，專注在真正重要的事物上。

當然，有時候快跑是正確的做法，比如說緊急轉彎避開迎面而來的車輛，或者盡快登記疫苗接種，是我想到的兩個例子。當我們處於心流狀態——完全沉浸於手邊的事，心無旁騖——可能會覺得自己活得更有勁，移動與思考都比以前更快速。

但整體說來，如果我們無法在某些時刻保持平靜，任由頭腦轉個不停，就會經常遭到阻礙和傷害。我們耗費大把時間努力達成他人的期許，然後忍不住想自己的時間（希望、夢想和渴望）都去哪裡了。

我們長期下來越跑越快，這麼做的同時也跟人生擦身而過。但這並非唯一的方式，現在就告訴你該從何處著手。

你跑得有多快？

這道練習題分成兩部分。首先，下列問題要誠實作答。

- 你覺得自己跑太快了嗎？
- 你追求速度的需求來自何處，或者受到誰的影響？
- 如果你明顯放慢速度，轉移注意力，你覺得會發現到什麼？
- 假如你知道自己明天就要死去，你會朝向誰或什麼目標跑去？
- 加分題：你是否不太能夠好好「放空」，完成這個練習？

接著，在一張紙上畫四個同心圓（就像一個有靶心的圓靶），依下方說明加以標示：

- 核心的圓圈是你個人的追求：你和自己的關係、你個人的目標，以及你希望自己在人生中呈現何種面貌。
- 第二個圓圈是你和朋友、家人、所愛之人的關係。

・第三個圓圈是你在組織內扮演的各種角色：你的職責、專業技能、同僚等等。

・第四個圓圈是你在世上扮演的各種角色：譬如身為公民、消費者、氣候倡議人士、旅行者等等。

很快寫下你跑得太快的領域，大多落在哪些圓圈內？有沒有哪個圓圈是空白的？

然後寫出原因。想跑快一點的欲望來自何處？是你驅使自己盡量多做，還是別人驅使你？從什麼時候開始有跑快一點的壓力？（那時你有注意到嗎？）不妨也記下你通常採取哪些應對技巧，對你是否有幫助。

現在審視全局。人生中哪些面向最需要放慢速度？你覺得哪個面向比較容易處理？

最後，想想還有誰可以從這個練習中獲益（可能是同事、親人或其他人），把它分享出去。

依光速前進的舊腳本

二〇一〇年，幾位哈佛大學的研究人員指出，我們有四七%的時間是用來思考那些目前沒發生的事。[13] 其時，智慧型手機才剛誕生三年，我們才剛開始適應行動裝置，但不到十年，它不光是電話，還充當電視、老師、銀行櫃員、運輸公司、告解室，甚至可以用來採買食物、辦理旅遊事項、提供交友服務、自助洗衣，不勝枚舉。然而，每一款App、手機上的每個按鈕，都是一次分心的機會，把你的思緒帶到別處，而非專注於正在你眼前展開的魔幻人生。

今日，隨選經濟（on-demand economy）早已大為盛行，伴隨而來的是任何東西都要放上ＩＧ的期待、晝夜不分的生活方式、「隨時有人效勞」的觀念。如今我們認為亞馬遜最遲隔日就應該把貨送到，計程車招之即來，只要超過三分鐘我們就感到不滿，還把很多事外包出去，只為了省下五分鐘時間，好讓我們的人生達成「最佳化」，即使這件事本來帶給我們許多快樂，或者讓我們有機會和家人、朋友相處，也比不上「有生產力」來得重要。

但麻煩在於：一心求快讓我們痛苦不堪。號稱「倦怠世代」的千禧世代（於一九八〇至一九九〇年間出生的人）將「個人價值取決於做了多少工作」這種概念內化成自身的想法，而社會、教育體系、身旁的同儕和父母進一步強化了這種想法。因此，我們應該不停地工作。[14]

但千禧世代只不過是冰山一角。高階主管和經理人表示不斷增加的要求佔用了他們的時間，而主管雖說關心團隊成員身心健康，同時也得承受壓力（並為了報酬），必須優先考量每季的獲利，而非員工長期的健康。教師一年比一年面臨更困難的情勢，獲得更少的資源，卻有更多東西要教，更多學生要帶。牧師、看護，與其他投身於服務工作的人都累壞了。父母連小孩的遊戲時間也要達成最佳化。例子多不勝數。

問題的種子早就種下，因為我們從小被叮嚀要「一手包辦」，我們有能力也應該要這麼做。（舊腳本大多包含了這種想法。）從一方面來說，這種訊息鼓勵大家有抱負、有成就，很棒！但同時使你永遠覺得自己不足：你做得不夠、賺得不夠、擁有得不夠多。（第五章有更詳盡的討論。）背後隱含的意思是：你不夠好，繼續努力，再跑快一點！

於是我們在內心反覆迫害自己：你並非沒有能力，只要你更努力一些，就可以把每件事做得更好。矛盾的是，這種想法帶來了精神分析學家喬許・柯亨（Josh Cohen）所說的「疲倦和焦慮的奇異混合物，對我們自身以及我們所擁有的一切總是感到不滿，也讓我們覺得自己是工作的僕人、而非主人，而我們為了造就最好的自己拚命工作，卻發現工作不可能做得完。」[15]

儘管每個人的人生境況大相逕庭，但跑快一點卻是當前文化的通病。女人和男人一樣想「擁有全部」，想「成功」。你不斷奔跑，以跟上每月帳單的進度或鄰居顯露的財富實力（不論真假），而你的鄰居也是這麼做。問題的癥結在於：不住奔跑終將後繼無力，使我們心煩意亂，但不知何故我們就是停不下來。但其他人也都不讓旋轉木馬停下來。

你放慢速度的能力和你發光發熱的能力息息相關，但堪憂的是很難達成兩者之間的平衡，因為我們所居住的世界（或者說體系）被設計成（不論是有意或無心）阻撓我們這麼做的模樣。

你不是一張待辦清單

其實大可不必如此，更棒的是，並不是每個地方或文化都只顧著往前奔跑，不停地忙碌。你曾經思考過「無為」（not-doing）嗎？

無為不光是指不工作。我們老是把沉思、寫日誌等等一併丟進「什麼也不做」的框框裡。但這些事都得認真「去做」：你專注投入，細心思考。而我所說的無為，是真的「什麼也不做」：沒有具體的行動、沒有令人分心的事物、沒有目標。重要的是，要相信天不會塌下來，甚至可能在你駐足欣賞時，天空變得更加輕盈明亮。

有人想放空一下嗎？

在荷蘭，「無所事事」（niksen）是普遍受到社會認可的概念，甚至可以說他們的文化十分推崇「無為」。[16]這個詞的原意是「什麼也不做」，或者說特意做某件不具任何生產力的事情，主要在於「敢無所事事」。[17]

「無所事事」並非只有表面看到的好處。荷蘭的研究人員發現，定期找時間放空的人較少焦慮，有更好的免疫系統，甚至更有辦法想出新點子，解決問題。[18]關鍵在於隔一段時間就放空（一天只花兩分鐘也是不錯的開始），心中沒有任何意圖，不去想是否有生產力。

> 無所事事多半會帶來很棒的事。
>
> ——小熊維尼

無為

從公元前七百年起，中國的佛教便已納入「無為」的概念，意思是「不施力」或「採取最不費力氣的行動」。[19]無為是道家的中心思想，但無為與「無所事事」的不同之處在於它顯然是透過策略去達成目標：它是一種選擇性的消極，以幫助我們適應某種特定情況，而非不計代價、想方設法控制情勢。唯有當你的步伐變得非常緩慢，足以真正檢視目前的情況，方能達成無為。

無為經常被拿來和「處於最佳狀態」或進入「心流」相比。它跟水、樹木或青苔很像，不僅可以彎折、塑造、依照目前身處的環境調整形狀（水配合風、樹木配合岩石、青苔配合土壤），而且它們的力量和韌性來自於緩慢成長的過程。它們不急迫，所以飽蓄力量。

我得知雙親過世時，覺得這個世界似乎停了下來，但同時又以三倍速度前進。一方面，要釐清的事太多了，但另一方面，時間停頓了。無事可做，又有好多事得做。我面對著一個巨大的洞，可以用忙碌或哀慟來填補。

如今回顧，我那時所「做」最有幫助的一件事就是「不做」。那時我很年輕，只想趕快畢業，「繼續過」我的人生，因此叫我休學一學期，晚一年畢業，真的很難承受。朋友都已畢業，而我獨自悲傷。我的姊姊艾麗森更進一步：她在日曆上打了無數個叉叉，延續到最後一頁（最終延續了快兩年）。艾麗森和我站在悲慘真相的濃霧裡，依照各自的生活經驗，用自己的方式重新扎根。我們沒有利用別的事物來讓自己分心，而是挖掘靈魂深處，一切就此不同。

此後二十五年間，這個世界運轉的速度加快，但人類放慢腳步、什麼也不做的能力卻停滯了。在全球面臨集體焦慮和懷疑的此刻，最佳的應對之道是將「無為」融入我們的生活。意思是不妨暫停一會兒、做白日夢、靜靜坐著。它是簡單卻深刻的行為，讓自己在未知的廣大空間裡憩息，想清楚自己全速衝刺，是打算成為什麼樣的人。

無為而無不為（無為，你就能克服一切）。

——老子

生產力是為了什麼，又是為了誰？

不知何故，許多人砰地一聲降落在精疲力竭的世界裡，任由工作填滿我們大部分的時間。為什麼？

科技當然是罪魁禍首，我們隨時從口袋裡掏出手機，在ＩＧ上和他人連結。與此同時，當今大眾市場引導的消費主義和自由市場的資本主義，煽動了某種不足夠的觀念：總是擁有太少、身價太低、工作老是不夠賣力。消費主義就是這樣發展起來的：想盡辦法讓我們覺得自己不夠。但無論你是否接受這套說詞，甚至你是否看到了不足，都是靠你的思維模式運作。你質疑過這套體系，或者只是像倉鼠一樣踩動滾輪，沒注意到自己一路跑過去，錯失了人生的風景？

我「跑慢一點」的旅程有些迂迴，有時也覺得困惑。現在我進步許多，也知道必須花一輩子來練習，但是有很長一段時間，我內心有很多問題，卻找不出答案。

我父母發生意外之後的那段時間，同時有兩股力量拉扯著我。從某方面來說，我想要盡速逃離目前發生的一切；另一方面，我被困在原地，這件慘劇一再提醒我生命有多脆弱。我應該跑快一點，畢竟我可能很快來到生命的終點，還是說，我應該按下暫停鍵，先搞清楚我奔赴的目標是什麼，想逃離什麼，為了什麼而努力？

我選擇了後者，儘管幾位良師益友鼓勵我繼續走原來的路，直接讀研究所，或在顧問公司或銀行找份工作。在他們看來，我已經有資格進入職場，而且很快就會有不錯的生涯發展。就定位、預備、跑！

但我還是忍不住要想：我們賽跑的目標是什麼？原因又是什麼？

我的周遭充斥著舊腳本，我感受到一股壓力，知道自己得按腳本扮演，同時看到同儕搶著在企業內升遷。我不停在想，如果父母仍在世，他們會怎麼說？我應該聽從內心的聲音，創立自己的事業，或者我注定是個小齒輪，用來推動別人的夢想巨輪？我會選擇自己的道路嗎？還是要走早已安排好的路？

我二十二歲時，滿心只想對世界做出貢獻，尤其要讓父母以我為傲。但如果我不知道生命的優先事項是什麼，並且放慢腳步，通盤評估這個問題，怎麼可能有所貢獻？

這則故事所引申出的洞見，遠超越我當時的處境，不過那時事態的發展是這樣的：我沒有找華爾街的工作，而是替人規劃健行和騎自行車的旅程，並且充當嚮導。這份工作先從義大利開始，之後拓展到其他國家。我背著背包到處旅行，差不多有四年時間居無定所，因為一股極強的好奇心驅使我去了解世界各地的人是怎麼生活的。我惹過大麻煩，親眼見識到全球發展的樣貌，還成為文化外交和自己自足的專家。我的收入遠比不上華爾街的薪水，但花費也減少許多。我跟隨當地人的步調來生活，我的未來也變得完全不同。

當整個社會都鼓譟著叫你快跑，學著慢慢跑就會帶來很大的不同。那時，我很怕自己活不過明天（是欠缺理智但非常真實的恐懼），「暫停」似乎有點冒險。但若連試都不肯試，似乎更危險。從那時起直到現在，我仍常拿這個問題來問自己，也問過幾百個人：如果你明天就會死，你希望自己做了什麼？從沒有一個人回答：跑快一點。

請記住，拚命鼓吹快跑不僅僅影響了你我的人生故事，整體說來也正在摧毀地球。我們陷入了永不停止的輪迴：匆忙地生產、消費、攫取更多東西。我們努力追求，榨乾了力氣，同時也燒光了自己。

我們生產、消費商品的速度越快，對環境的傷害就越大。我們越是經常從外界尋求快樂與滿足，比如一部新車、一件新衣裳，任何東西都好，如同心理學教授提姆．凱瑟（Tim Kasser）所說：「只要我們可以把它買下來對外炫耀，好讓我們忘記悲傷。」就越可能陷入沮喪。[20]整個社會一直告訴我們要消費、消費、消費，而且別去想有什麼副作用，感謝配合！

不過你卻知道，儘管「consume」一字在行銷上是指消費，而且已經過度引用，但它原本的意思是「破壞」，如「被火吞噬」（consumed by fire），也是指「過分浪費」。[21]對今日的讀者而言，跑太快的代價極高，而且不僅危及個人的身心健康、商場績效與經濟體質，就連地球的生態體系與未來世代的福祉也懸於一線。在這樣的背景之下，學著跑慢一些也可解決很多問題。儘管慢慢跑和舊腳本扞格不入，卻極可能幫助我們免於淪亡。

與其追求生產力，不如提升專注於當下的能力

其實有更好的方式去思考我們與生產力、永續議題，以及不斷變動的世界的關係。而且你知道嗎？答案近在咫尺，且是新腳本的一部分。

首先，先想想別一味強調優化生產力，我們應該盡可能提升專注於當下的經驗。（你可能覺得這聽起來有點荒誕，不適合套用在你的企業、職涯或生活方式上，但它絕非如此。）請容我解釋。

舊腳本只顧著達成速度、效率與生產力的最大化，如果你處理日常事務時少花五秒鐘，或者在早已忙亂不堪的下午多打一通電話，就是勝利。一個人參加的會議越多，就覺得自己越有價值、越重要。保持忙碌！成功！進步！

即使在我動手寫新腳本以後，有很長一段時間我仍未開始質疑為何要忙碌。我一樣忙碌，甚至可說每天都忙得興高采烈。但我觀察得越多，就更加覺得失去連結是不容否認的事實。而當我慢下來更深入觀察，我更是錯愕到說不出話。等一下，我們到底在做什麼？我們到底是怎麼說服別人和自己，開更多會議就有辦法讓我們留下更重要的遺產？我們怎麼能夠說服自己省下五分鐘就能夠拯救靈魂？

有了新腳本，你不再計算開了幾次會，你衡量自己是否專注於此刻：你是否完全專注於此刻，充分體驗，做出決定。若大夥兒都心不在焉，開一千次會議也沒用；若每個人都全神貫注，開一次會就夠了。

說到底，活在當下攸關專注與回應。兩者雖不同，卻緊密相關：你注意到某件事，便予以回應。在快跑時，你的注意力不易集中。一旦注意力渙散，你就會留意到錯誤的事，回應也會因而出錯。譬如，你的回應可能是出於恐懼或輕蔑，而非出於關愛或同情，或者你會匆匆結束一場原本可能激發好奇心的對話。簡而言之，你沒搞懂問題，也沒搞懂答案。要是我們沒搞懂問題，甚至因為跑太快而沒發現問題，那麼就永遠不可能找出解決之道。

然而，解決之道很簡單：放慢速度，你就更可能了解問題所在，做出正確的回應。不只如此：你還發現時間就是你所想的那樣；**當你慢下來，你確實能擁有更多時間**。

那麼該如何提升專注於當下的能力？幸運的是有很多種方法，有的平常、有的古怪，別想太多，直接選一種最感興趣的方式試試看。我發現，你越是覺得新做法很奇怪，就表示你目前的習慣越是失衡。

- **靜止練習**：先試著完全靜止三十秒，再拉長為一分鐘、兩分鐘，乃至五分鐘或更久。這不是冥想，而是更簡單的練習。只要坐著，讓心思靜下來，看它飄向何方就好。不要批判，只要注意。你的心能否放鬆，還是加速運作？
- **寂靜練習**：不論是大自然的寂靜或一次呼吸練習之後的靜默，都可讓浮躁的心歸於平靜。寂靜俯拾皆是，你或許需要稍加尋覓，但它就在那兒。每天騰出五分鐘沐浴在靜默中，留神注意那份空白。在整個空間裡，你注意到橫掛在你和聲音之間的是什麼？它呼喚你去做什麼？

・**耐心練習**：若想跑慢一些，培養耐心是最困難也最強大的練習。找一件你知道頗花時間的事，比方說在等某人赴約時，刻意不做別的事（上社群網站、打電話、做填字遊戲之類）打發時間，只是存在……然後等待。你覺得備受考驗，還是自由了？

・**列一張別做清單**：待辦事項清單幫助我們跑得更快，規律地踩動滾輪。別做清單恰好相反。擬出兩種版本，看看哪一份清單更具變動性。（我發現兩者結合起來效果很不錯，只要我的待辦清單上都是重要的事。）

・**微休假**：動動腦想出幾種可以暫停的機會，條列出來，不管是片刻或一個月都好。擬出這份清單雖然是件小事，卻有助於減輕壓力，帶走急迫，創造出空間感，同時也提醒你，放慢速度有很多種形式。

・**森林浴**：大自然是不斷變動的小宇宙，也是無可比擬的私人教師，傳授跑慢一些的至理。就在附近找一處野地（森林、湖泊或原野都可以），用五感吸收自然環境的氛圍。這不是指健行、賞鳥或露營，而是單純地待在大自然裡。日本人稱之為「森林浴」。[22]

・**為科技產品找個安息日**：每週一次，暫時拋開有螢幕的科技產品（手機、電腦、平板電腦、電視）。[23]如果覺得太難，先從幾小時開始，慢慢增長到一天。利用這段時間安靜思考，或許加上一枝筆和紙。

跑慢一點讓你把注意力從外界轉移到內心，目標則是認真傾聽內在的聲音，不要別過臉去、看向他處，或者逃走。這是專注於當下：你要怎麼和真實的自我連結，了解到你四處尋覓的答案，幾乎都可在內心找到，只要你放慢腳步的時日夠長，就會聽見。

保護資產

我頭一回聽到這個詞是在中國，我在那裡聽到一組來自各國的創業家談論自己生重病的經驗，當岌岌可危的健康把原先預定的完美計畫打亂，他們是如何應付的。最妙的一句話是：不管你抱持什麼樣的思維，身體都會給你打分數。[24]我們不能僅僅仰賴運動和飲食，來應付過勞、焦慮，以及職業倦怠等狀況。我們必須找出問題的根源，徹底根治，並且在了解為何要放慢速度的前提下，維持慢速前進。

「保護資產」承認當你的內心很緊張，身體也會緊繃，兩者都無法正常運作。即使有較健康的思維，也必須從身體層面解決一個人和速度之間的關係。但沒有人可以在高速的情況下痊癒。恰好相反：跑得太快最後會死掉。所以我們必須慢下來。

保護資產的第一步是檢視你的身體在哪方面緊抓住速度不放，或者說象徵了速度。我把它想成是微型的自我健康檢查。我的感受如何？我身體的哪些器官在加速奔跑？哪些器官在大聲說話，又說了什麼？

這麼做並非要你批判自己，也絕非要你改變感覺。純粹只是要你注意看接下來出現什麼。我們泰半認為肩頸或下背部的疼痛跟壓力有關，但說實話，疼痛和各種感覺可能出現在任何部位：手肘、足部、肺等等。心臟真的會疼痛，不光是指極度思念某人，也可指渴求自身的幸福健康。

留意不舒服的感受，和它共處一會兒，接著深入探索，了解真正的原因。把它寫下來。你是否想著只要不理它，煩惱會自行「解決」，還是你知道煩惱需要一些時間消化，願意等待？

身體一直在跟我們溝通，但我們經常忽略這些訊號。在變動中的世界，你身體發出的訊號可能更令你困惑，但卻更加重要，你非明白不可。

呼吸是你最強大的工具，就像一把瑞士小刀，用途極為廣泛。呼吸也是一座橋，連接你的內心與外在世界，也連接你的身體與心靈。當你在變動的世界中前行，呼吸練習是必不可少的，務必持之以恆，就算一天只做幾分鐘也好。

瑜珈也有幫助。二十一世紀的現代人以為瑜珈是身體的練習，但從它出現後的三千年間，一般認為其中並不存在固定姿勢，只有呼吸和坐下時的冥想。「瑜珈」（Yoga）一字意謂著「結合」：身體與心靈的結合、個體與萬物的結合。瑜珈的目標是讓心靈的波動歸於平靜，而從古至今練過瑜珈的人都知道它涉及身體各部分的統合。身體只是個器皿，我們透過它使內心平靜，與他人連結。

近年來，感官覺知訓練（sensory awareness training; ＳＡＴ）蔚為流行。ＳＡＴ有助於加強各項感官的覺知，涵括了多項練習：從「和五感打招呼」（花一分鐘完全專注於每一種感官）、培養「心理快照」（環視周遭後閉上雙眼，看看你記得多少）的技巧、到赤足走路。[25]

在正式架構之外，還有一系列簡單卻有效的練習和習慣可以幫助你慢慢跑，保護資產：

- 慢慢吃，細細品嘗每一口的滋味。
- 慢慢走，留意沿路出現的細節：建築物外觀的鏽蝕、花朵的紋理、路人的眼神。帶一個小孩同行更棒，隨著他的步調走，跟他一起探險。
- 可以走路就不要開車，可以開車就不要搭飛機。放慢旅行的步調。
- 踩著舞步、而非走路去目的地，與其只是將一隻腳放在另一隻腳前面走，不如讓整個身體帶領你。（就算要承受路人驚訝的目光都值得，或許你可以帶動一場舞會呢！）

逃離自身

現今許多人對於放慢腳步有種原始的恐懼，總覺得要是不加入競爭，恐將遭受社會的責難、懷疑，或將面對他人高高在上的態度。我們很可能把自身的價值拱手交給社會，理由是：若我們沒有隨時待命，那我們的身分是什麼呢？

雪上加霜的是，一旦攬下更多責任，就更難丟開。總的來說，今日社會只想緊緊抓住地位、財富不放，甚至想在未知中抓住確定感。一個人用各種活動和成就堆疊出的金字塔越宏偉，他的自我就越膨脹，即使他的內心深處非常痛苦。

這場對話缺了一道環節：「做得越多」不等於進步、價值或值得。誠如哲學家提亞斯・里托（Tias Little）所說：「從靈性的角度來看，快速行動、一一剔除待辦事項是進步的相反。」[26]里托指出，我們已經陷入科技、社會和各種期待的「速度漩渦」，被困在充滿焦躁挫折的「人生快車道」上，很多人已經對速度上癮。但我們把日程表排得滿滿，卻未必表示自身有成長。我們很可能只是在逃離自我。

這股速度積存在你體內，對你的思考、專注、幻想與創造能力造成影響，使你無法單純存在，還危及你的神經、結締組織與腺體，妨礙生理運作和腦部化學物質分泌。你的大腦設法接受這種不合理的步調，而你的身體在打分數。

雙親過世使我瞥見放慢速度的可能性，但還有一道更複雜的謎團尚未解開，因為我還在逃離自己。十多年後，儘管我已經慢下來悼念，但我依然過著「匆忙」的生活：長時間工作、每年去二十幾個國家出差，還不包括以遊樂為目的的旅行，不管做什麼都拚盡全力。看起來我一手包辦所有事（至少做了很多），但我內心依然非常焦慮無力。我達成越多外在的成就，內心就益發焦躁。我的根柢太細，我知道總有一天會碎裂，而且再多的保障或他人給予的肯定（像是金錢、專業或名聲）都無法阻擋這股下墜的力量。

最後我找到了認知行為治療（CBT）和眼動身心重建法（EMDR），從中發現我對速度嚴重上癮，因此總是無比焦慮。這項發現簡直改變了我的人生，但同樣驚人的是它引領我在各式各樣的情境和文化中，注意到在許多人身上，焦慮和成就幾乎是息息相關。

我長期參與某些領袖團體的活動，每一個人（各自代表某種文化）都感到焦躁，卻找不到適當的方式處理。我每隔一段時間就看到這些菁英瀕臨崩潰，他們只是不停地跑，因為不曉得還能做什麼，而且出於害怕或完全處於自動駕駛狀態而停不下來。即使是那些很清楚自身使命的人，也經常對速度上癮，時不時萌生倦怠。不消說，這種生活方式很糟糕，也不利於組織或社會的發展。放慢速度是必要的事，耽誤不得。

慢慢地思考，晚一些做決定

慢就是順，順就是快。

——海豹部隊箴言

放慢速度不僅可改善身體健康，使情緒更平穩，也可幫助你做出更好的決策，獲得更棒的結果。

我們每天的思考方式與回應速度，都影響到日常人際互動和職場上的關係——不論你是挑起或平息爭端、進行明智的投資、修補友誼、在遊戲中獲勝。長期下來，你評估時機的能力會深深影響你的人生面貌。就是這樣。

研究一再顯示，只要情況允許，最好別太匆忙。換句話說，你等得越久，結果越好。[27]這不是拖延，而是你有能力觀察、評估、感受、處理資訊、採取行動……並且暫停一會兒，以獲得最佳結果。

談到放慢腳步，自然會想到《快思慢想》（*Thinking Fast and Slow*）一書的概念，那是普林斯頓大學教授、諾貝爾獎得主丹尼爾．康納曼（Daniel Kahneman）的暢銷著作。康納曼指出，某些人思考快速卻淺薄，但我們愛聽他們的意見；某些人思考緩慢卻深入，我們對他們往往充耳不聞。[28]我們老是忙亂度日，很少保留時間思索、學習、忘記所學（unlearn），但我們若想思考得更清楚，就得做到這些事。

我們快跑時，會自動進入快速思考模式，亦即快速反應，選擇看起來熟悉或直覺上合理的事物。但正如康納曼所言，雙腳快速奔跑或許讓你聽起來很厲害，卻不會讓你有智慧。[29]選擇熟悉的選項表示你錯過了新事物，而且這麼做無法幫助你因應變動！

你放慢思考的能力和你回應速度快或慢有直接關聯，而且結果驚人地相似。正如《等待：延遲的藝術與科學》（*Wait: The Art and Science of Delay*）一書的作者法蘭克·帕特諾（Frank Partnoy）所言：「我們花多少時間思考才做出決策，充分說明我們是什麼樣的人……。明智的決策需要思索，而思索必須先稍停片刻。」[30]

帕特諾從各種不同的情境（例如：溫布頓網球賽、巴菲特的投資組合）來探討延遲，結果發現一流運動員「先觀察、再消化，盡可能拖到最後一刻才行動的這種能力，也適合用來做一般的決定或進行商業決策」。[31]你得同時具備放慢速度、延長時間的能力，才做得到。對網球選手來說，這是看到球和擊出球之間那一剎那的停頓。對飛行員來說，這是OODA（Observe, Orient, Decide, Act，即觀察、調整、決定、行動）循環。[32]對大多數人來說，這是在傷人自尊和真誠道歉之間的停頓。

然而，現今世界的步調極快，延遲判斷的能力更有風險。舉例來說，我擔任新創公司的顧問時，見過無數創業者搶著進行創業投資，不管手上的點子是很厲害、很瘋狂、或者平淡無奇。大家搶著募集資金，彷彿創投產業（還有他們個人的聲譽）明天就要關門大吉似的。

不過，依我的經驗，從第一個人或第一家公司手中拿到資金的創業家，往往過了一段時間就陷入煩惱，因為不管是創辦人或投資人，都不曾花時間充分了解對方的根本信念、期望或使命。他們看重數字勝過誠信，被迅速獲利的保證蒙蔽了雙眼，卻未體悟到「創造價值需要時間」的道理。

慢錢（Slow Money）的觀念與此恰好形成強烈的對比：耐心資本（patient capital）優先選擇長期永續的系統，而非很快賺到錢就逃走。[33] 當變化來襲，你會選擇哪一種投資？

跑慢一些幫助你緩緩思考，晚一些做出判斷，兩者都賦予你更多能力管理自己的時間，而非受到時間的約束，讓你呈現出最好的自己。

> 一般來說，壞事很快發生，而好事是慢慢出現。
>
> ——環保運動家史都華・布蘭德（Stewart Brand）

從 FOMO 到 JOMO

二〇〇四年，哈佛商學院的學生派屈克．麥金尼斯（Patrick McGinnis）在一篇討論社會理論的部落格文章中，創造了兩個新詞：FOMO 和 FOBO。[34] 他主張哈佛商學院的學生無不飽受「錯失恐懼症」（Fear of Missing Out; FOMO）與「更佳選擇恐懼症」（Fear of Better Options; FOBO）之苦，因而行事曆上的社交活動多到嚇人，出現這種智力的人不太可能有的乖張行徑。

領導風格快與慢

- 想想你平常做決定的典型風格是什麼？你多半很快下決定，抑或仔細思量？如果你很快行動，你想過自己可能有盲點嗎？如果你習慣慢慢來，你有過濾的機制，以找出正確時機嗎？
- 思考一下你的領導風格，你是否期待同僚和夥伴與你步調一致？如果是，為什麼？如果不是，為什麼？
- 仔細回想某次你花了更久時間做決定的狀況。你在延遲的過程中觀察到什麼、處理了哪些訊息、學到了什麼？延遲對你的行動有何影響？

這些年來，錯失恐懼症已經變成主流，今日你會聽到十五歲和五十歲的人脫口說出這個詞。整個社會都深恐錯失什麼。

這個思考過程大致是這樣：科技促使我們過度連結，讓我們隨時可以輕鬆分享眼下在做的事，讓其他人共聞共見，知道這件事。我們讓更多人看見，去更多地方，從事更多活動，因此大腦的反應是：看看你沒有在做的那些事！即使是一心多用的人其實也只在某時某地做一件事而已。錯失恐懼與更佳選擇恐懼症使我們的大腦更分散。再說到我們的生活步調，又因害怕慢下來而更形惡化。如果我們慢下來，就會落後甚至被淘汰，於是上述兩種恐懼的循環又再次開始。

麥金尼斯認為錯失恐懼實在荒謬，但卻是真的。他原本提出另一個詞「什麼事都不敢做」（Fear of Doing Anything; FODA），他歸類為一種癱瘓狀態，但FODA一詞並未真正流行起來，取而代之的是更樂觀的詞彙：JOMO（Joy of Missing Out），錯失恐懼變成了錯過任何事都高興。[35]

我們可以翻轉錯失恐懼，讓它變得積極。與其加速快跑，老是擔心自己現在沒有做什麼事，倒不如跑慢一點，並為此感到欣喜。

麥金尼斯有次訪問專準主義（Essentialism）專家葛瑞格・麥基昂（Greg McKeown），在訪談文章中建議可採取三個步驟逐步消除你的錯失恐懼症：[36]

1. 當你再度感到錯失恐懼，注意這種情緒。
2. 問自己：「這是嫉妒，還是它可能揭露了我有責任去做的、更深層的事？」
3. 在日曆上的下星期勾選一段時間，深入探索這種情緒。

我長期對抗錯失恐懼和更佳選擇恐懼症，多年後才逐漸明白兩者帶給我多糟糕的感受。在克服恐懼的過程中，我發現有種練習非常簡單，效果卻很強大：**創造並保持可在其中凝神注意的空間**。我至今仍然常做，每回都有幫助。

對於患有錯失恐懼症的人來說，生活就像在玩俄羅斯方塊，每一天（每一列）都得盡量吻合。創造並保持空間則恰恰相反。一開始，你可以這麼做：

- 在兩件事情之間、什麼也沒有的空白中，留意你的感受。
- 注意你的呼吸。

• 注意音符和音符之間的空白。

• 注意樹上葉片之間的空白。

• 在你凝神注意時，開啟了一段空白，注意它。結束。

一旦你培養出慢慢跑的超能力，就開啟了空間，讓「錯過任何事都高興」（JOMO）的情緒進來。你可能會發現不管曾有過什麼樣的妒意，都融化成了同情、憐憫、慈愛。如今，我喜愛跟著流走，但也很高興能待在結構凌亂的空白中，不管是在行事曆上或靈魂中。一旦你體驗過「錯過也高興」的感受，你必定會想幫助別人跑慢些，讓他們也感受一下。

什麼樣的玫瑰？

對於慢下來、無為、錯過任何事都高興等信念抱持懷疑態度的人說：「噢！我懂了。所以我們應該乾脆停下腳步，多聞聞玫瑰的香味?!」儘管我相信若我們更懂得欣賞大自然的美，這個世界會變得更好，但這種說法未免太低估這種超能力的潛力了。

誠然，人生並非總是要慢慢來，有時要迅疾如風，立刻擁抱熱愛的事物，或者為了夢想焚膏繼晷。這些時刻都值得珍惜，即使會耗光你蓄積的力量。

然而，更大的挑戰和憂慮在於，**當我們東奔西跑，就不會（也無法）進行意義深遠的對話、構思出真正創新的解決方案，或者充分表達或接收愛**。如同某家旅行社老闆喬治．巴特菲（George Butterfield）所說：「這些事沒有發生，因為它們無法在一小時內前進七百英里！」旅行社的廣告標語是「放慢腳步看世界」。是否有學校或組織討論過這種狂熱？有人在吃晚餐時談過這個問題嗎？[37] 我們跑太快時，是否不僅完全沒看到玫瑰（什麼玫瑰？），也讓未來的世代像我們一樣倦怠、忙碌、不關心永續，代代相傳，直到崩垮為止？

當我們望向不斷變動的未來，加速賽跑顯得更怪異也更加危險。在不斷變動的世界裡，我們必須慢慢跑，不是為了抵達終點，是為了活得更挺拔美好。

跑慢一點：思考練習

1. 你覺得你的人生哪些方面跑得太快？
2. 你對速度的渴望來自何處或何人？是你自己還是旁人驅使你跑快些？
3. 快跑的壓力始於何時？那時你有注意到嗎？

4. 你通常採取哪些應對技巧？其中哪些最有效？哪些應該退役，或以其他方式替代？

5. 如果你慢下來，會有什麼樣的發現？

請注意，你的思考方式可能在閱讀本章的過程中逐漸演變。將這些獨特觀點融入你的新腳本。

第二章

看見無形的事物

真正有所發現的旅程不在於尋覓新風景，而在於擁有嶄新的眼光。

——普魯斯特（Marcel Proust）

在我的職涯中，曾有幾個不同時期在南非工作。第一次接觸是在許多年前，我和幾家小額信貸機構與政策制訂者合作，致力於推動普惠金融（financial inclusion）＊。幾年前，我針對南非的共享經濟進行了一次全國性的調查，以了解有哪些人參與，以及這個彩虹之國是如何看待這個觀念。

旅途中，我在搭計程車、進入商店或觀察路人時，常聽到「薩烏波那」（Sawubona）

＊編按：是聯合國於二〇〇五年提出的金融服務概念，意指普羅大眾均有平等機會獲得負責任、可持續的金融服務，尤其是指那些被傳統金融體制忽視的農村地區、城鄉貧困群體、小型企業，又稱包容性金融。

這個字，那是祖魯人慣用的問候語。祖魯人是該國人口最多的種族，而「薩烏波那」則是跟人打招呼的方式。

「薩烏波那」的發音輕柔，美妙悅耳，就那樣從舌尖流洩而出，令我著迷。我向路人詢問此字的意思，又做了些研究，結果發現此字雖然翻譯成「哈囉」，卻不是隨意問候，而是具有更深遠的意義。

「薩烏波那」按字面來說是「我看見你」，我看見你的全部：你的尊嚴與人性。我看見你的脆弱、你的自尊、你的夢想與恐懼。我看見你發揮的作用、你的力量和潛能。我看見你，而且我珍視你。我接受你的本來面目。你對我來說很重要，而且你是我的一部分。[38]

在祖魯人的傳統中，看見不只是簡單的視覺動作。「薩烏波那」意謂著某人被看見，而「哈囉」並無此意。這是在邀請對方見證，在彼此面前真實完全地存在。回應「薩烏波那」的字是「希寇巴」（shikoba），意思是「我為你而存在」。

我們說「哈囉」時，其實是在表達什麼？真正看見（而不只是看到）的能力是與生俱來，還是必須透過學習？

當我們真正看見，會怎麼樣？

超能力：看見無形的事物

當人生顯得模糊不明，或未來充滿不確定，請把你的焦點從可見事物轉移到無形的事物。

小時候，大人常教我們要專注看向前方的目標、目的地、某種具體的成就：學會閱讀、擅長某項運動或課外活動、以全班前三名的成績畢業。養育你長大的社會具備的文化、規範與期望，基本上決定了里程碑。里程碑指引你未來的方向。

孩童年紀稍長以後，就有了更多的技巧和更寬的眼界，但在很多方面只專注在極小的範圍。小孩很快變成青少年，然後長大成人，應該要邁入某個足以建立專業技能的職業生涯，卻幾乎沒有涉獵其他興趣的空間。一般說來，成年人也得進入幾個社交圈子，這樣就可以待在舒適圈和同溫層內。我們進入了機構組織的生態系統，從消費文化到學校課程、從公共衛生到政治黨派，都在設法讓我們只具備特定知識，同時忽略、隱藏其他知識。

在這個過程中，每一個人有意無意間都被訓練成只看見某些事物。你所看到的一切就此成為人生腳本的一部分，我也是一樣。無論你我是出於選擇或外力的設定，都被訓練成不看其他事物。我們只栽種某些植物，拋棄其他植物。這是舉世可見的現象：並非對某個文化或觀點的批評。每一種文化、每一個人都面臨這種現實。沒有一個人看到全局。而我們所能做的，頂多是意識到自己錯過某些事物，學著看見這些事物。

別誤會我的意思：社會規範具有重要的效用，可以培養人們的價值觀、技能、人際關係，以及貢獻社會的能力。規範有助於維持秩序和穩定，然而整體來說，任何一套社會規範只代表一種觀看的方式與存在於世間的方式，只佔廣大無邊的人類光譜的一小部分。

但在世界大幅翻轉之際，聚焦太狹隘的害處極大，可能將你連根拔起。的確，改變越大或一個人關注的焦點越小，劇變造成的破壞越大，而一個人擁有的選項越少，就很難重新獲得平衡。

雙親逝世後，我曾陷入一段盲目的時間。我睜開雙眼，卻看不見。我感到飄泊不定，悲傷和不確定像迷霧般包圍著我。我摸索前行，遲疑著跨出下一步，卻不知道護欄在哪裡。某些人事物已經失去、不可復見，而我錯過了。我花了好些時間才學會用不同方式去看，看得更遠，並且看見無形的事物。我做到以後，濃霧就消散了。並不是說我又看得見了，而是我看得更清晰。我的視野大幅改善。

今日許多人（或許包括你在內）都錯過早就不存在的人事物。有種空虛感：曾經存在的事物不在了，也不知道未來會出現什麼。你可能有察覺到，或覺得很難具體指出來。你可能費盡力氣也想像不出（遑論看見）一個不同的未來。你可能覺得自己只像是自身的影子，看不出真實的面貌，不知道自己想成為什麼樣的人。根據舊腳本，這些都是無形的事物，卻依然存在，而且很重要。

每個人都受到所見事物的啟發，但是在不斷變動的世界裡，這項原則無法帶領我們走得更遠。我們該如何超越雙眼看得到的事物，在無形的事物上獲得啟迪？我們該如何學會用另一種眼光看待世界，使不可見的事物變得可見？這一切都和你撰寫新腳本有直接的關係。

事實上，不斷變動的世界需要一套新腳本，讓你、我、所有人都有更寬闊的視野。我們可以看到位於邊陲的事物、上下或內外翻轉的事物、長期視而不見的事物，以及我們一直被洗腦相信它不在那裡的事物。

學著看見無形的事物不代表失去焦點或忽略可見的事物。其實恰好相反，這是一種調整凝視點的能力，使你看見全局，真正理解事物的真相。一旦你學會看見無形的事物，就會更樂於接受眼下的變化與充滿未知的未來。

你的社會與文化取向決定了你如何看、看到了什麼

住在納米比亞西北部的辛巴人專注微小細節的能力非常驚人。他們是半游牧民族，飼養牲口，以牛隻數量計算財富。傳統的辛巴人進入狀況的能力幾乎達到超自然的境界：他

們收攝心神，不理會令人分心的事物，這是其他「現代」文化裡的人遠遠比不上的。[39]辛巴人異乎尋常的視力，是因為他們需要辨認每一頭牛身上的斑點，還是因為日常生活裡沒有現代科技，所以較不易分心？

北美洲的易洛魁部族（Iroquois）相信所有人、動物、能動與不能動的自然生物都擁有一股叫做「orenda」的無形力量。Orenda 是一種神奇的力量，集結了大自然的能量，因為每一種具有這股力量的生物皆可傳達出一己的意志，以某種方式分享其經驗。[40]暴風雨、河流、岩石、鳥，都擁有這股神奇的力量，人類也有。Orenda 也是易洛魁人進行靈境追尋（vision quest）*時的必要力量，部落裡每一個人都會在這場成年禮中找到守護靈。我們對於有形或無形力量的信念，是如何影響我們在世間的發展？

你看到的事物形塑了你，還不只如此……

停下來想一想，你是如何看待世界，而你看到的一切究竟是什麼？以下是一些例子：

- 當你第一次見到某人，問對方的第一個問題是什麼？

・在面試時，你是花很多時間介紹已經列在求職履歷上的專業資歷，還是著重討論履歷上沒提到的生活經驗？

・你與某人初次會面時，是否覺得對方值得信賴？

・你是否認為無法衡量的東西便是不存在？

・你認為資本主義是賦權的或是壓迫的？

・面對空蕩蕩的地方時，你會獲得啟發，抑或感到沉悶或恐怖？

・你覺得顯露脆弱的一面是有勇氣還是懦弱？

・你是否面臨過依傳統策略模型來看是「難以察覺的」組織上的挑戰？

・如果你開車時只能選一組車頭燈，你會選遠光燈或霧燈？

・你是否察覺到生命中缺了某樣東西，或某事等著你去完成，但不太確定是什麼？

如果你覺得任何一道問題很有趣或聽起來很真實，你就適合閱讀這一章。

＊編按：北美印地安部族的神聖成年儀式，由長老帶領青年進入森林，青年必須在森林中獨處三天三夜，期間不提供任何用水與食物。

「悟」（悟り）是日本禪宗（大乘佛教的一支）的詞彙，有覺醒之意。此字源自日文的動詞「悟る」，意指知道或理解。悟是指「見性」的經驗，即見到某人真實的本性。「見」表示「看見」，而「性」表示「本性或本質」。有豐富的詞彙、傳統，並且鼓勵人明心見性，是否可以幫助日本人看見無形的事物（至少看見其中一部分），並且更樂於擁抱改變？

沒有哪套腳本比另一套更好。不管是辛巴人、易洛魁人或日本人的傳統，都只是不同的腳本，由不同的文化寫成，但這些傳統都承認不可見的無形事物，而且透過這麼做，使人注意到新的理解方式。

我們要如何避免所處社會的影響，看到底下既深又廣的潛流？社會架構決定了大眾如何養育子女（來自父母、親戚、好心的阿姨，甚至一整個村莊的建議），大眾如何合作，如何組織經濟活動，最後，經濟如何反過來組織了社會階層。

打個比方，日本、中國、亞洲多數地區大多偏向集體主義，而西方人較具個人主義色彩。總的來說，集體主義社會重視集體的相互依存、群體的健康快樂，「我們」的優先順序在個人的獨立與「我」之前。集體主義社會通常強調社群成員之間的合作，一道解決問題，但個人主義盛行的文化認為這些事聽憑個人決定。這些是粗略的歸納，當然也有例外，但多數人都同意確實有這些差異。

重點是：這些社會取向基本上影響了我們觀看的方式。譬如說，集體主義社會的人在解決問題時，多半先考慮社會狀況的脈絡與整體形勢，聚焦於個人無法控制的不同體系之間的相互作用與重要關聯。當他們被問到某種情勢，就會花較多時間解釋來龍去脈和周遭情況。

反之，個人主義盛行的社會多半聚焦於單獨的因素，尤其是整體局勢的主要意象。（即使是小孩畫圖也強調「我」，而集體主義社會的孩童畫圖，多半將全面的社會情境畫進去。我們的社會取向開始得很早。）個人主義者習慣考慮固定的情勢，之後不管產生何種變化，都歸功於個人的努力和意志。[41]

除了文化，個人的專業訓練也影響他或她觀看的方式。只要舉一個農業的例子就好：比起種植小麥，種稻屬於勞力密集的工作，需要大量合作，還需要許多不同的農田興建複雜的灌溉系統。鄰近地區的農家都必須通力合作，沒有哪個稻田可以獨自欣欣向榮。對比之下，種小麥的農夫仰賴雨水而非灌溉，僅需一半的人力。麥農不太需要和別的麥農協力合作，只要顧好自己的收成便可。不過麥農還是比牧羊人更常合作，後者基本上是獨力照看自己的畜群（雖然有一套清楚而普遍認可的放牧規範）。[42]

那麼，這一切跟不斷變化有何關係？

每當改變猝然發生，我們依照預設值的設定，選擇社會文化允許的腳本。你我或其他人看見（或沒看見）的一切便是這套腳本的結果。但倘若你看不到自己的根源，將更難往前邁進，要跨出下一步或衡量哪個方向最好，都可能令人膽戰心驚。

一個顛倒混亂的世界讓每個人都有機會思考各式各樣的解決方案和嶄新的觀點，並且更新自己的人生腳本。你應該要看到*每樣東西*：可見與不可見、有形與無形、在你面前的東西，以及根本無從想像的事物。為什麼？因為你的眼界越寬，就越容易獲得各種解決方案。你的世界觀越是全面，就越有能力助人、服務、創新，並且活得美好茁壯。

檢視你的既得權利與選項

在你學會看見無形事物的路途上，你既得的權利是一塊危險的絆腳石。既有權利使你盲目，限制了你對腳本內容的看法，因而無從看清全局，也分不清楚主要或次要。

既得權利有百百種：某些權利是你一生下來就有，某些權利來自於你的人脈、勤奮努力，或純粹好運。以拿到一個大學學位為例，就牽涉到不同的既有權利：負擔得起學費、能獲得鼓勵或者有榜樣、居住在高品質教育普及的某地、天生有健全的身體和具有念書能力與想像力。

既得權利導致盲目，若想看清事實必須了解既有權利帶來的不平等。但光是了解既有權利還不夠，你必須仔細思考後採取行動，意即戳破既有權利的幌子（即使不太好受），才能夠看見無形的事物。

選項多寡也同樣令人焦慮緊張。選項是指一個人有力量、權利、機會或自由進行選擇。在其他條件相等的情況下，人們擁有的選項越多，在因應變化與不確定時，便處於越有利的位置。

可選性是指盡可能保有最多選項的能力。若想提升可選性，你要擁有開放的心胸，有B計畫（備用計畫越多越好），擴大周圍視覺，以納入更多種可能。43

每一天，生命都賜給每個人新的選項（許多選項很微小，不足以改變人生）。但是在劇變迭起的時代，出現了更多選項，有些確實能夠改變人生，你忍不住要說：「如果……，會怎麼樣？」「現在不做，要等到什麼時候？」

一般說來，擁有更多既得權利表示也有更多選項，不過癥結是：若你尚未學會看見無形的事物，這些權利其實會使你盲目。你越是意識到自己擁有很多，就越能察覺到損失的風險。

你的世界觀使你看見了什麼，同時看不見什麼？

花些時間思索什麼人或什麼事物基本上形塑了你的世界觀：從雙親（或養育你的人）灌輸給你的價值觀，乃至你居於何地、就讀何校、與什麼人結交、你的職業和抱負，以及你對未來的信念。你可以從以下幾個問題開始：

- 對你來說，恐懼看起來或感覺像什麼？
- 你從小接收的觀念是要害怕改變，抑或接納改變？
- 你從小接收的教誨是要立刻防備，抑或很快相信他人？
- 你從小被鼓勵多和相似的人還是不同的人出去玩？
- 你的既有權利可能在哪方面使你盲目，或無法看見全局？
- 你的世界觀有哪個部分被抹除？你的腳本是否少了什麼？

看到樹枝在動很容易，但要看見風需要練習。

——社會企業家暨執行長伊蓮．史密斯．甄塞（Elaine Smith Genser）

既得權利和選項在人生中隨處可見。以我來說，失去雙親使得「擁有父母的權利」顯得異常清晰，也從我手上奪走了幾個選項（從家庭結構到對未來的期待）。同時強調了我的另外幾項既有權利，包括我很健康、受過良好教育、有種族優勢、深具好奇心，也開啟數個本來不可能出現的新選項（例如建立無血緣的家庭，拓展先前從未想過的生涯領域）。

用一句話來總結：想在變動快速的環境中成功，你得做出抉擇，確保有更多開放的選項，其中包括改變自身的思考模式，排定不同的優先順序。某些選項現在對你來說是不可見的，或是因為你的目光被既得權利遮蔽，看不到某些選項。但只要你稍加檢視目前手上握有的權利，就會看到一個更豐富而充滿意義的未來。

你將其他人看成消費者，還是公民？

你是否曾停下來真正想過「消費者」（consumer）一詞的意思？大概沒有。這個詞現在被隨處亂用。

許多人認為「消費者」一詞是專門術語，用來描述我們自己和日常生活中的每一個面向，舉凡人類所設計、購買、使用的產品和服務，我們滋養身體的方式，我們學習、遊玩的方式，以及我們吸收的新聞和資訊（驚訝吧！）。這個詞不只限於典型用法，如早餐麥片、智慧型手機和汽車之類的「消費性產品」（consumer goods），如今我們還「消費」教育、醫療照護、娛樂，甚至選舉。

現今社會是過度消費導向，但過去並非如此。

事實上，人類歷史上大部分時期，「consumer」一字並不是用來描述、遑論詆毀任何人。今日過度消費的文化僅可上溯至一百多年前，其時大眾行銷（mass marketing）*剛出現。由於工業革命過程中製造出大量產品，大眾行銷才應運而生。工業革命大幅改造了社會，使人類的生活更進步美好，但同時也使我們的價值感有了微妙的轉變。[44]我們以前被視為人類，職責是對社會有貢獻，幫助他人。自從消費大眾行銷出現後，我們開始被看成消費者，主要職責是消費。一個新的、消費者導向的腳本便誕生了。

然而，正如我們在第一章所見，「to consume」最初的意思是「破壞或摧毀」，好比被火吞噬（consumed by fire）。直到近年，消費主義都並未提高國內生產毛額（GDP），而是使人痛不欲生。「consumption」這個英文字也指肺結核；拉丁文的「*consummare*」則意指用光、消耗、完結。

無形的技能

- 你更容易相信自己的心還是大腦？
- 你僱用新員工時，最重視對方的專門技術、善良，抑或社交能力？
- 當同儕告訴你向左轉時，你是否想過向右轉？
- 你能夠察覺無形的模式嗎？
- 你生活在無形的規則當中嗎？

大約過了一世紀後，這種消費者毀壞的進程加快：我們的皮夾癟了，地球正面臨消耗殆盡的風險。

權威人士依然告訴我們要繼續遵循危險的舊腳本，以維持經濟健全。消費、消費、消費！有些人甚至開始相信，他們的購物行為對社會的影響力比選舉來得大。[45]請花些時間理解這一點。

＊編按：指對所有消費者提供相同的產品與行銷組合的經營方式。

當今之世，我們最重要的身分是消費者，或恰如未來學家傑瑞・密赫斯基（Jerry Michalski）所說的那樣，被視為「有眼球和皮夾的食道」。[46]他們說，只要我們繼續消費，世上一切都會好好的。

但幾乎沒有一樣是好的。

一旦長期被視為消費者，這種看法便影響了我們的思考方式和行為舉止，也影響了我們觀看的方式。譬如，我們將購買的物品看得比選票更重要，對於自我價值的定義也變得不同。在社會層次上，我們只追逐國內生產毛額之類的指標，這種衡量方式是將經濟活動看成幾元、幾分錢，卻未「看到」各式各樣非常重要的活動，是這些活動支撐了全國的經濟與全民的幸福，像是育兒、當志工之類的「無形勞力」，以及共享（而非佔有）資源的「無形價值」。[47]

我們依照消費者的腳本生活時，同時也在訓練自己的雙眼別去看：別去看我們買的東西形成的整體效應，別去看那些辛苦生活的人，甚至當更好的道路出現在眼前時，我們也視若無睹。

在消費的賽跑中，我們早就忘了什麼是真正重要的事。當巨變來臨，使我們身心震動，就像一記警鐘，使我們突然看到現實。在破裂的隙縫間，先前不可見的一切映入眼簾。

在很多方面，許多人目前處於驚醒的階段，才剛摘下護目鏡（那是遮蔽我們雙眼的舊腳本），問道：為什麼我們以前沒看到這些發生在我們每一個人身上的事，同時影響了我們的家庭、社區，以及隔著半個地球的人們？假如我們那時有看到，其實應該要做點什麼才對。我們每個人都在全球消費浩劫裡參了一腳，不論是否出於自願。

要想脫離這場混亂，其中一個做法是**先將其他人視為公民和人類，而不是消費者，並且將他們當成公民和人類來對待**。（我所說的公民並非指邊境管制或護照上的某國公民，而是參與社會事務與促進變革的人。）這份新腳本帶來細微卻深刻的轉移，我們不再只是被動的買家或釣魚式新聞的目標，而是積極做出貢獻的人。我們一起過負責任的生活，而非盲目跟隨。我們開啟了自身的變動型思維，以培養這種超能力，寫出我們的新腳本。

在你動筆寫新腳本時，首先要問：你比較希望被他人視為消費者，抑或公民和促成善行的人？除了「買東西」之外，你希望留下什麼遺澤？

依我的經驗，光是意識到他人如何看你（或者未看到的你）就是邁進了一大步。一旦你意識到這一點，就會開始發現採取行動有很多種方式，舉凡支持哪些企業、平常使用哪些字彙、對網路購物的態度、在街上走時注意哪些事物等等？「公民轉移」（Citizen Shift）之類的倡議開始出現，以建立大眾意識，凝聚世界各地的努力。[48]

如果你帶領以消費者為中心的組織，現在是重新考慮行銷策略和商業模式的時候，同時要設法使組織的使命符合新腳本的目標。如果沒有的話，現在該寫個新腳本了。

空蕩蕩的空間

當「黑人的命也是命」（#BlackLivesMatter）、「我也是」（#MeToo）等社會運動持續延燒，更多的系統性不公與不平等獲得承認之後，哈佛商學院首位台裔女教授黃樂仁（Laura Huang）正在審核給企業管理碩士班（MBA）碩一生的閱讀書單和課程表。她發現了一個事實，雖然在意料之中，卻使人極度不安：整份書單是白人男性作者的天下。

同時，《不必多花錢，也有超強競爭力》（*The 100 Best Business Books of All Time*）一書的共同作者陶德．薩特斯坦（Todd Sattersten）也在自行計算。他認為自己算是思想進步的人，但也想知道這本書列出的書單上的作者，有多少位屬於有色人種？他試圖找出大家最愛讀的一些書，卻未注意到作者的年齡、性別、收入等人口統計資料。答案同樣令人不安：零。[49]

商界早已明令必須接納多元族群，而在其他領域，也有不少相關的呼籲。但大致說來，女性、黑人、拉丁美洲裔與其他少數族群的聲音依然很難（有時根本不可能）被人發現，或者說被人看見。

他們並非不存在，而是他們長期受到忽略，只有觀賽的資格，也沒被寫進腳本裡面。最重要的是，新腳本當中清楚響亮地提出了以下特殊權益：多元、平等、包容

（diversity, equity, inclusion，ＤＥＩ）。

女性和有色人種早就出現，做著困難的工作，無疑相當顯眼，卻沒人看見。宏亮的聲音被消音，某些人提出最聰明厲害的想法，但即使是大白天人們也看不見他們的身影。這些人被邊緣化，待在外側，置身於空蕩蕩的空間。

若我們只看到位居前側和中央位置的人，例如執行長、爬到權力結構頂層或知道怎麼按照規則玩遊戲的人，那麼我們不僅只看到全局的一小部分，而且我們所注視的一切皆已過時。這是舊腳本在運作，但在現實層面，真正的行動、意義和進展是在外圍和空蕩蕩的地方被發現。（你會在第六章讀到，攀登成功的階梯已經過時。）

身為未來主義者，我認為這種動態關係很有道理，因為形塑未來的力量在成為主流之前，總是先從外圍崛起。有很多年，「主流領袖」相信行動電話永遠不會取代傳統的市內電話，行動電話曾經被邊緣化。然而，現今行動電話的數量是全球人口的兩倍，而市內電話很快就要走入歷史。

主流思考也將大規模的疫情視為外圍的威脅，直到數百萬人感染了新冠肺炎，短短幾個月便重創全球經濟。事實上，有時在外圍的事物可能在彈指之間變成主流。

我要說的概念很簡單：我們有必要大幅改善看的能力，同時得理解在外圍與空蕩蕩之處的人事物。不只是因為一個公平、平等的社會需要這種能力，也因為真正創新的點子就來自於外圍與空蕩蕩的所在。

空蕩蕩的地方是理想之地，或許是唯一一處有足夠氧氣可催生新可能性的地方。

黃樂仁看到這一點，她知道傳統企管碩士課程以白人教授為核心，但周遭有很多傑出專家遲遲無法成為商業策略、金融、投資、組織理論、管理、領導力等領域的代表人物。於是她研擬了一份均衡的企管碩士閱讀書單，主要選擇女性和有色人種的著作（是的，也有加入白人男性著作以免不均衡）。[50]他們的觀點新穎，從側翼的位置看待商界和人生，其目標並非「命中靶心」，因為他們深知這種招數已不再盛行。他們正在撰寫新腳本，未來的商界和其他領域都將更具包容性。

學著去看

從許多方面來說，今日的世界都是一場學習向何處看、以及重點是該怎麼看的大型個案研究。一旦改變突然出現，能夠佔據有利地位，在不確定當中順利前行，成為負責任的領袖的人，都是能夠看出在邊緣或空白空間的事物，並且知道更佳解決方案要去哪裡找的人。但談論這種超能力是一回事，實際培養又是另外一回事。現在就來看看怎麼開始吧。

擴大你的周圍視覺

周圍視覺是指看到正面視力範圍以外的物體、動作與機會的能力。你可以把它想成是覺察到沒有在注視的一切事物。

今日，大多數人極度專注於前面和中央位置的人事物、手邊的工作、待辦清單上下一件該做的事、這一季的利潤，或只想過完這一天。我們大多沒注意到邊緣或遠方的事情。也許你覺得時間不夠，或者不確定該朝何處看。不過，現在有一整個宇宙的新穎見解與驚人發現，只要你看得到，它就在你的掌握之中。

周圍視覺不僅和新點子或找到答案有關，而且當你焦躁時，你的周圍視覺會變窄，不論你是在煩惱工作、成績、財務狀況、跟朋友或同事的關係、未達成的期望等一切事物，都可能發生這種情形。你對看得見的現實、安慰和創意的範圍也會縮小，因此才叫做「隧道視覺」。[51]

擴大你的周圍視覺開展了遼闊的新天地，使解決方案浮現，並且減輕焦慮。但它不會自動發生，你必須培養這項技巧，練習運用這項超能力。

我們遠古的祖先要比現代人更常運用周圍視覺，這種視覺是為了捕捉動靜才演化而成，卻不注意細節（那是中央視覺的任務）。也就是說，周圍視覺善於偵測進入視野範圍的某物，但很難分辨那樣東西是紅色或藍色、是軟是硬、是朋友還是敵人。遠古時期的人只須利用周圍視覺辨識「警報來襲」，之後再由中央視覺負責接下來的工作。

時至今日，我們的周圍視覺已經萎縮。人類這個物種如今花費大量時間待在螢幕前，把時間切割成小片段，幾乎不再有被老虎苦追的風險。我們是否存活曾經一度取決於周圍視覺的快速反應，但今日我們離不開行動裝置，細讀螢幕上的訊息和簡訊，上頭的字還沒有一小片麵包屑大。

換句話說，恰恰在我們最需要周圍視覺幫助我們看得更廣的時候，我們卻讓自己的周圍視覺變得不靈敏。

值得慶幸的是，我們可以把它找回來。我們可以重新設定這種能力，再為它綁上火箭助推器，使它一飛沖天。

回頭說說基本原則，試試這個簡單的練習：

把雙手舉在臉部正前方，把大拇指放在雙耳上，以雙耳為軸心，張開其餘手指，向後方移動，直到雙眼看不見它們為止。接著動動這幾根手指，往前移動，直到你兩側的周圍視覺都可以看見手指為止。這就是你的周圍視覺。留神看，有什麼先前沒注意到的東西，現在看到了？

你也可以在眨眼、頭往左右轉或繞圈、走路、閱讀，或者在做任何限縮注意力的事情時，做這項練習。

或者還可以倒過來做。在樹上倒掛、雙手支撐倒立，或只是彎腰用手碰觸腳趾頭。然後從這新的有利位置，看看你身處的狀況。別想太多。同樣的情景看起來是否不同？有什麼是你在直立時沒注意到的？

我做雙手支撐倒立已經超過四十年了。[52]小時候當成體操做，後來變成我真心喜愛的活動，這樣就可獲得「倒過來的視野」，那也是我人格的重要部分。練習倒立幫助我轉移視野，看得更透徹，並且使我更有彈性，心智更敏銳。而且滿好玩的。[53]有什麼不好呢？

擴大你的周圍視覺不是萬靈丹，卻可以幫助你看到更多，視野更清楚，而且不再那麼焦躁。它是個很棒的起點。

（重新）檢視你的意圖

今日隱藏無形價值的方式可能很多。多數時候，你是否看得到取決於你觀看時的意圖。

比方說，我們是將其他人看作消費者，抑或把他們當成公民來對待，最終還是在於你的意圖：

・如果你希望別人向你購買產品或點擊你的廣告：這是把他們看成消費者。
・如果你想提供協助、創意與服務，並且幫助他人發揮潛力：這是把他們看成公民和合作者。

無論我們認為自己在人生中是主動或被動的參與者，最後也都歸結於你的意圖：

・如果你依賴舊腳本或覺得自己做的事無法改變世界，那麼你很可能原地踏步，保持緘默，而且害怕接下來的發展。
・如果你開啟變動型思維，並相信你的變動超能力是可以培養的，那麼你看到了（也已經懂得利用）你的力量，做出改變。

不論打算尋求解答或解方，都取決於（你猜到了）我們本身的意圖！

・如果你的本意是批判或批評，你內心的門已經關上。
・然而，如果你是出於好奇，就可能學到新事物（包括提出更好的問題，質疑自己原先的假設）。

若要開啟變動型思維，並培養這種超能力，重新檢視你內心的意圖是極重要的一步。就像珍古德（Jane Goodall）所說：「你所做的事讓一切不同，你必須決定自己想要做出什麼樣的改變。」[54]你希望為不斷變動的世界帶來什麼樣的改變？你目前有哪些意圖？

讓無形的事物變得可見

培養更犀利的觀照能力，不讓眼光侷限於位於前方和中央的可見事物，是今日世界亟需的超能力。它使你找到自己的根源，提出獨門觀點或新的解決方案，活得淋漓酣暢。它也減輕你的焦慮，喚醒你內在的聲音，使你和別人更貼近。拜它所賜，不管人生中出現什麼樣的改變，你都看得一清二楚。

多數時候，我們不曾意識到自己對多少事物視而不見：可能是沒看到自己的天賦與能力，沒看見系統性的不公正，或者看不見周遭的美好。你在舊腳本中陷得越深，所見越有限。最終，你將看不見真相，也看不見生命的豐富完整。

但在你撰寫新腳本時，這種情況便全然改變。的確，看見無形之物代表了希望和恐懼的分野，縝密觀察和氣餒無力的分野，也代表了知道何時該行動、何時該靜候，以及建立壓迫的制度或包容涵納的制度，確有不同。再說一次，這種不同會帶來極大的改變。

看見無形的事物：思考練習

1. 你更容易相信自己的心還是大腦？
2. 當同儕告訴你向左轉時，你是否想過向右轉？
3. 你能夠察覺無形的模式嗎？
4. 對於主宰人生的規則，你察覺了多少？這些規則對你來說有多明確？
5. 你享有（或欠缺的）既得權利對你的腳本有何影響？這（些）是什麼樣的權利？

老話一句，請注意你讀完這一章以後，很可能產生的新觀點，仔細注意你的新腳本包含了哪些新觀點。

第三章　勇於迷途

失去其實有兩種不同的意義：遺失東西是指熟悉的東西消失，而迷失是表示陌生的事物出現了。

——作家　雷貝嘉・索尼特（Rebecca Solnit）

大多數人都不會將布科維納（Bukovina）納入旅遊行程，它僻處羅馬尼亞的東北角，毗鄰摩爾多瓦（Moldova）和烏克蘭。在起伏的山巒之間，有東正教的教堂和修道院點綴其間。這些宗教建築興建於一四八七年至一五八三年，從地面到天花板，裡裡外外都鋪滿了明亮鮮豔的壁畫。數個世紀以來，蠟燭冒的煙燻暗了壁畫的色澤，以致外界幾乎遺忘了這個地方。

繼東歐劇變、共產主義垮台之後，世人開始知道有布科維納這個地方。我在大學的藝術史課堂上聽到一些壁畫的老故事，非常渴望親自造訪。幾年後（距智慧型手機、全球衛星定位系統、組團旅遊、旅遊住宿網站 Airbnb 出現還早得很），我像托爾斯泰的小說人物一樣搭了很久的火車，總算抵達蘇恰瓦（Suceava）鎮，打算從這裡出發，來一趟修道院巡迴之旅。

我在蘇恰瓦搭便車，沿著泥濘的土路前行，只見驢子比汽車還多。我盡可能搭計程車，但交通工具稀少。大多以務農維生的本地人看著我的目光中摻雜著好奇、欣喜和憐憫。我坐在蘇聯時期出廠的車子內或載滿乾草的馬車上，只見泥漿不住飛濺，我和村民都露出微笑，比手畫腳，那是雙方共有的語言。壁畫比我想像的更加奇絕，風景平淡怡然。

某天我走在安靜的小巷裡，想事情出了神，某人喊道：「喂！小姐，喂！」

我朝右邊看，是一位從窗戶冒出來的羅馬尼亞當地典型老奶奶，面頰紅潤，脖子上緊緊繫著一條領巾。她猛地推開木頭百葉窗，顯然想吸引我的注意力。

我停步盯視前方，想著在這種情況下，我該怎麼做？還有，我現在在哪裡？

老婦人又說：「喂！小姐。」她的腔調低沉卻十分悅耳，我小心翼翼地回應：「哈囉。」

「小姐，妳迷路了嗎？」

我頓了一下。從某方面來說，我不曉得自己在哪兒。在羅馬尼亞，沒錯，但嚴格來說，我迷路得很厲害。

在另一方面，我卻覺得自己從未活得如此豐沛。我坐在獨輪的小車上，吃著乳酪玉米粥（蒸煮的玉米粥，淋上鮮奶製成的酥軟起司），飽覽埋藏數世紀之久的壁畫。在這種時候，我一點也不迷失。

老奶奶不等我回答就說：「小姐，小姐！妳一定是迷路了，快進來！」

兩分鐘後，我和這一家人共進晚餐，彷彿我是從月球來的。老奶奶的子女、孫兒孫女圍在我身旁，同時用夾雜羅馬尼亞語的英文向我發問：為什麼來布科維納？美國是什麼樣子？要再來些玉米粥嗎？

大夥兒吃飽後，轉而聊到我為何獨自旅行。這一家人認定我不光是在地理位置上迷失，也失去了丈夫，否則一個女人為什麼要獨自旅行？這不是批判，是真正感到好奇，帶著一絲憂慮：她迷路了，我們得幫助她！

在羅馬尼亞鄉間，獨自旅行是前所未聞的新鮮事。並不是說這一家人覺得我做不到，他們只是想不通我為什麼想這麼做，因為這根本無法套進他們的腳本。這些人近年來為了國家的獨立而奮戰，還得應付隨之而來的各種挑戰，但個人仍得配合社群，沒有自身的獨立性，而渴望流浪更是全然不同的概念。

旅途中若有人問我：「妳先生在哪裡？」之類的問題，我通常會感到不耐，輕聲嘀咕：「別以為我沒能力！」但是這頓飯使我豁然開朗，明瞭「變動理論」的意義，也明白多重腳本可以在同時間發展。

這家人為了一些我壓根沒想過的理由，擔心我無法過得幸福安康，而我所煩惱的事也離他們很遠。我們雙方對於迷失的看法截然不同，但是一樣站得住腳。

我們有不同的根源和人生方向。我們的舊腳本可說是天差地別，而且我們在追求新腳本的旅途中，各自處於不同的階段。但即使如此，我們仍可與對方分享自身的觀點，學習對方的處世之道。在這個過程中，我發現了一小片新的「我」，使我變得更完整。

我們飲光那瓶自家釀的梅子白蘭地之後，那一家的兒子便開車送我去火車站。但他不是把我載到就算了，還陪我去售票口，替我買票，陪我走去搭火車，跟我一起上車，確認我喜歡這個座位，還請鄰座的人照看我。

生平第一次，我沒有半分不耐。我喜歡過程中的每一刻，「迷失」被找著了。

超能力：勇於迷途

在改變的風景之中，你得先迷失，才能找到方向。人類和迷失的關係可謂一言難盡。儘管很多人都同意，人生一半的樂趣來自於「迷失」，舊腳本卻認為迷失等於失敗。迷失多半被視為涉及某種損失的「負債」，意謂著我做錯了某件事，我笨手笨腳，讓人生變得比以前差。

但是在全然翻轉的世界裡，新變化天天出現，而熟悉的事物本身也在變動之中，勇於迷途是新腳本的一部分。我們在這個世界裡失根無依、沒有方向、不停地漂泊。無論你手上拿著什麼樣的指南針，都早已失效。更何況，不論是你、我或任何人都無從選擇這個新的改變地景。變動就是如此。

一旦你開啟了變動型思維，勇於迷途就變成優點，也是祕密武器和聰明之舉，讓你不僅樂於接受迷失，還能積極尋找陌生事物，設法跳脫舒適圈。勇於迷途並不表示缺乏方向或憨傻愚昧，那只是舊腳本再次發揮作用而已。相反地，勇於迷途表示你面對不明白（也許永遠不會懂）的事物也能完全感到自在。

歸根究柢，這項超能力端視你如何反應：當你迷途時，你感到自在或是煩惱？好奇或是焦躁？你能夠走出自己的路，還是會被自己的腳絆倒？

我自身迷途的經驗可分成幾個方面：失去雙親後，打造了新的人際關係；失去方向後，嘗試過幾種不同的專業生涯，因而找到自己的路；失去希望後，發現了意義，加上從布科維納到玻利維亞、之後又去峇里島的冒險之旅（以及倒楣的遭遇），以上每一種經歷都幫助我重新研磨鏡片，以檢視改變。透過這些經歷，我醒悟到勇於迷途是禮物。如果你從未迷途過，就永遠無法找到自己的道路，而你的新腳本也不可能充分閃耀光芒。

幸好，在改變越來越多的世界裡，你會經常迷途。大家都一樣，箇中緣由你應該知曉：因為舊腳本正在毀壞，不再符合需求或目的。當你開啟變動型思維，你會找到最好的方式去迷失，學著接納不舒適，在陌生事物中發現熟悉，看見你真正在尋找的事物，最終將這一切編寫進你的新腳本。

失落的宇宙

世上有多少人，就有多少種迷途的方式。迷途絕非拐錯一個彎那麼簡單。

- 你可能在自然環境中迷路，例如曠野或大海。
- 你可能在人造的環境中迷路，例如地址或地標錯誤，或者走錯路。
- 你可能在數位環境中迷路，例如新款的 App 與科技，雖說這些東西是用來幫助你辨識方向。
- 你可能在時間中迷失。
- 你可能在思緒中迷失。
- 你可能陷在某個想法裡面（鑽牛角尖）。

- 你可能在某本書中迷失。
- 你可能陷入某種（或多種）情緒。
- 你可能在學習新事物時迷失。
- 你可能叫其他人迷失。
- 而形形色色的人和組織或許正在幫助你迷失。（關於這一點，請詳讀第四章〈從信任開始〉。）

在迷途時找到自己

試著回想某次迷路或不辨東西南北的經驗，可能是在國外，也可能是某個停車場或自己的家。別想得太複雜。

想想你在迷失的當下，是如何回應？內心湧現什麼感受？你是感到害怕、無奈，還是充滿好奇、興致勃勃？

想想你想要用哪種方式回應迷失。回到你方才提到的經驗，你是從舊腳本的觀點來訴說，還是新腳本呢？你可以用飽含希望與發現的觀點，再把這則故事說一遍嗎？

有時候，這些經歷會帶來令人豔羨的結果。你可能會發現新事物，對於身處的環境更加留心。你可能重新設定指南針，並且能夠看到更多，體驗更鮮明豐富。你學到新技能，看待世界的視角拓展了，整個人煥然一新。迷途可能使你充滿活力。

但在某些時候，迷途可能令人氣餒或招致危險。在過去，看不到路徑或海岸表示有大危險。現今仍有許多人在失去方向時，感到焦躁懼怕。在依循舊腳本規則的商界，迷失是必須避免且令人難堪的狀況，因為那會被視為效率差、生產力下降。

當我們試圖達成最佳效率，迷失便是最沒效率的事。不僅如此，我們在追求效率的過程中也逐漸傷及創意，直到完全消失，更傳達出「前方路徑明確」的錯誤訊息，但其實一點也不明確。不妨這麼說，若你的目標是提出創新的解決方案或不同流俗的想法，或只是想變得更具韌性，那麼迷失確有其必要。

迷失≠失去≠失敗

許多人難以接受「迷失」（lost）這項觀念，一部分原因是這些人搞不清楚它和「失去」（loss）的差別，甚至用「失去」來代替「迷失」。這一點我很有共鳴。我的父母過世時，我覺得迷失到無以復加。我喪失了立足點和指引意見的人，也失去了從小長大的家。我腳下的地面轟然坍塌。我擔心很快就要失去姊姊，而我自身的健康和好奇心也將不保。

但失去和迷失不同，兩者都不等於失敗（儘管舊腳本想方設法說服你相信另一套說法）。儘管我的人生的確有變化，也「少了」雙親，但不管怎麼說都不是注定完蛋。誠然，我會變成和預想中不一樣的人，但這次事件不啻在邀請我去新的地方。我迷失了，而且不論我是否願意，都將變得更加迷失，但在過程中我可以寫出自己的新腳本，並且展開冒險，新的大門有可能敞開，而我可能獲得其他超能力。事實上，你最後可能發現迷途不只是失敗的反面，搞不好還是最棒的結局。

抵換與匱乏

許多人遲遲不肯勇敢迷途，是出於抵換和匱乏的想法，兩者皆是舊腳本的標誌。抵換的概念意謂著我唯一能夠勝出的方式是讓其他人輸（反之亦然，若你贏了，那麼我必須輸），而匱乏的思維則是認定無論有多少資源，永遠都不會足夠。這兩種情況會陷入「失去—迷失—失敗」的循環。

但是且慢，是誰說的？

抵換和匱乏的思維即使在一片榮景時也大有問題，但是在不斷變動的世界中，兩者會衍生出更複雜的狀況，令人頭大，因為我們將傳統的標準（舊腳本！）套用在迅疾變動的現實中。這比因飯碗不保或行程被打亂所感受到的「迷失」更難受。

今日，每一個人——不分老幼、貧富、政治派別或身在世界何處——都失卻了一部分的熟悉人生。放眼全球，每一個人的立足點都不停變化，而且一時半刻還不會停。或許是失去親人、收入短少、喜愛的餐廳倒閉、度假計畫告吹，或失去對未來的希望。許多人覺得失去了簡單卻極重要的正常感（就算是糟糕的現狀，至少也是熟悉的）。在這種情況下，任何主張「管好自己就好」的腳本聽起來都很荒謬。現在正是勇敢迷途的好時機。

脫離舒適圈，追求成長

在我成長的過程中，教地理的爸爸是我最好的朋友。我們家沒有太多金錢或物質享受，但我爸有旺盛的好奇心。那時，餐桌上有我的塑膠餐墊，很多小孩進食時都用這個，以免食物灑出來。我的餐墊是一幅世界地圖。吃早餐的時候，爸爸會跟我玩首都遊戲（我們都這樣叫它）。他會說出一個國名，我就找出該國首都，慢慢也就知道各國的首都名字，像是阿迪斯阿貝巴（Addis Ababa）、烏蘭巴托、瓦加杜古（Ouagadougou）之類的地名從口中說出來有股魔力，我也開始幻想日後親自造訪這些遙遠的地方。

我咀嚼著玉米穀片，一面認識全球各地對我來說很新奇的地名，同時爸爸會一面訓練要我記住三件事。

・首先：「我們家的後院不是全世界，去探索更大的世界吧！妳在家問的那些問題，搞不好可以透過它找到答案。」

・其次：「這個世界並非為了服務妳而存在。妳可以去上學是天大的好運，由於這份好運，妳有責任回饋。」

・結論是：「記住，那些外表跟妳差異越大的人，去認識他們一定更有意思。妳為什麼要跟容貌、語言、飲食都相似的人來往呢？我覺得聽起來就很無聊。現在，高高興興去上學吧。」

從小到大，我一直以為每個小朋友都在吃早餐時聆聽同樣的教誨。多年後，我才明白並非如此，因而更努力去了解這份勸告是否適用於成人？一個人奮力脫離舒適圈，在廣大世界中勇敢迷途，是否能為現實世界帶來有意義的改變？

我們可以清楚響亮地回答：「是！」而且，不需要拿到全A的成績、賺很多錢、長途旅行就可以辦到。最重要的是，常識才是根本。

多元促使我們考量不同的選項、意見、想法和觀點。多元要我們發揮更多想像力、創造力和好奇心，強調人與人相互依存的關係，使我們變得更強大。由各種不同的人組成的團隊、董事會和組織，經過一段時間後，都有更多創新能力與韌性，獲得更多利潤。[55]

還不只如此。除了這些尋常的好處以外，面對產生巨大改變的時期，必須有新穎的觀點。換句話說，越具多樣性的團隊與越常接受多元文化洗禮的個人，就越能快速投入不斷變動的世界。

九成的人迷路，是因為他們走得不夠遠。

——無名氏

迷失的別名

- 當你面臨不確定時，你會從其他文化、習俗或故事當中汲取教誨，來加以因應嗎？是哪些文化或傳統？他們的腳本和你的腳本有何不同？你是如何得悉這些文化？
- 你最近一次讀外國作者的書，是什麼樣的書？

並非迷失，只是暫時放錯地方

人類早已找出各式各樣的方法，遊走在陌生的地域間。在我們穿越不同的文化和大陸時，會一再被提醒：我們並非真的迷失，只是暫時放錯了地方。人生的目的並非拒絕迷途，而是要設法找到自身所在的方位，在其間成長。當你腳下的地面移動，你可以穩住自身，調整方向。

世界不同角落的民族各有其生活方式，並且針對迷途發展出不同的觀點和工具，以下會陸續提到。某些人認為迷途發生在旅途中，有些人在思緒中迷失，也有人在生活中迷失。某些思維是整體文化的展現，另外一些思維僅存在於某個國家或地域，或某個組織之內。但每一種思維皆強調多元的機制，剖析「你這個人是由什麼所塑造」的問題。哪幾種思維可能有助於清楚解釋你的新腳本？

你能夠分辨危機和侘寂嗎？

在西方，「危機」（crisis）一字通常讓人聯想到某種劫數或毀滅的意象，輕則令人不快，重則可能是世界末日。這個字源自希臘文的「krísis」，表示做出判斷或展現決心。從這個觀點來看，不停變化的世界是極大的危機，反烏托邦（Dystopia）的非人生活已經出現，我們不妨就此認輸。

中國人看待危機的角度非常不同。中文的「危機」是由兩個字組成：「危」代表「危險」，而「機」代表轉折點。危機是一項挑戰，它要求我們覺醒，激發我們的好奇心，開啟各種可能。

兩套不同的腳本都在設法解釋數千年來讓人類徬徨漂泊的現象。如果有更多人知道危機的含意，情況會變成怎樣？當然不會全面消弭危機，但我們可能會用不同的策略應付改變。中國式的腳本可能會加入一絲希望，沖淡恐懼。

從中國往西走，會先到達西藏，之後是印度，兩處皆盛行「中陰」（bardo）的思想。中陰是想像中的空間，是此生和來生之間的缺口，過渡和轉化在此處發生。[56]我們在這個令人望之生畏又景仰的超凡境地中，可能會重新想像自我、我們的夢想，或整個社會與未來的走向，甚或全部。

佛教的中陰是一種媒介，是介於死亡和重生之間的狀態，是介於一種存有、一種生命與另一種之間的中繼階段。在中陰界，死亡不僅意謂著肉身的消亡，也可能表示某種生活方式、某種疾病或心境的結束。

從中陰的概念出發，來思考「世界末日」（apocalypse）一字的意涵。此字源自希臘文的「apokálypsis」，原意並非「災難」，而是「顯現和揭示」，可用來形容巨大真相與轉型的時機（天啟）。

現在，把中陰和世界末日的腳本跟當今世界連結起來，大家可能會說人類目前正處於集體的中陰界，同時在未知和存在的威脅當中尋找方向。不過，從中陰的角度來看，它並非令人恐懼的挑戰，而是讓我們迎接美麗新世界的大好機會。

如果世界各地有更多人明白中陰和世界末日真正的意思，會怎麼樣？當然不會「呼！」一下完全消除不確定感，但我們一定能夠獲得更多能力，在變動的中繼世界活得成功又快樂。

從中國往東行就來到日本。這個旭日之國提倡的變動和無常之美，素來為人稱道。「侘寂」（侘び寂び）和金繼（金継ぎ）便是極力讚頌這兩股力量的說法。

侘寂的日文「Wabi-sabi」念起來輕快，表達出一種對萬物的愛，即使它們不盡完美且短暫飄忽。在日本，侘寂代表了通往智慧與成功之路，也就是要坦然接受不停變老的自己，以及這個持續變化的世界。[57]侘寂不會勉強事物維持目前的面貌，也不會在事情發展不如預期時失控抓狂。

金繼（也稱金繕）是在破碎中見到美的日本哲學，最為世人所知的是修補碎裂陶器的工藝，透過這項藝術，黏合碎片的接縫要比原始作品更美。[58]金繼與侘寂都將「改變」視為健康、積極、具有抱負，因此欣賞、鼓勵改變。是的，改變帶來混亂，但如果我們能夠在痛苦的事發生時，在一旁為別人打氣，而不是粉飾太平，這個世界不就可以變得更好嗎？假裝也無從掩蓋「改變」的事實。

西方的語言沒有金繼與侘寂的同義詞，事實上也沒有相容的腳本。語言上的差距或許一直存在，卻不能阻止你寫出自己的新腳本。想像一下融匯這些概念，同時世上有更多人在更多地方因堅持立場而感到慰藉……整個社會的新腳本就此出現。

> 我的穀倉已經燒光，現在我可以看見月亮了。
>
> ——十七世紀日本詩人水田正秀

教養的力量

我們不僅可以汲取其他文化對於改變的看法，有時候，先進的文化也早已建立起體系，幫助人們以積極的心態接受巨大的改變。你不妨想成是創造出好用的容器，容許人們在其中「迷失」，而新腳本也得以成形。

十九世紀晚期，北歐諸國（挪威、丹麥、瑞典、芬蘭）還很弱小，辛苦適應著第一次工業革命在社會各層面帶來的改變（在那時，工業革命本身就是動盪騷亂的新腳本）。政府和社群領袖皆體認到要在工業導向的新世界中成功，原先強調步伐一致的義務教育體系已經不符需求，人們需要更多作為，包括深刻了解一己的內在世界、價值觀，以及形塑人生的人際網絡。

於是他們創造了「教養」（bildung），是用來幫助人們探索上述主題、達成自我成長的教育生態體系。（「bildung」是德文，如同「侘寂」和「金繼」，沒有對應的英文字）。事實證明這些制度為內心危懼的公民，搭起了防護的鷹架。約有一〇%的人口加入免費教養中心，最長可達半年，如此便足以推廣「教養」的信念到社會各層面。[59]

「教養」不僅構思出新的課程，也重新思索不同年齡的學生觀看世界的方式，對於迷失（或感到迷失）有何想法。它幫助人們動手寫出新腳本，加以詮釋。它體認到深刻傾聽與韌性很重要，相信人們若想在複雜和變化中順利前進，首先要培養教育的能力。

假如真能建立起適合二十一世紀的全球「教養」網絡，想像一下會有多大的成效啊！

不確定的別名

想想某個一籌莫展的時刻，你很可能會先搜尋手邊就有的答案：從比較了解的事物下手，再把熟悉的字眼丟到Google搜尋一番。

但你是否停下來思考過，一門你不太了解（甚至一無所知）的專業學科，有可能帶給你很多啟發？誠然這有點像是雞生蛋、蛋生雞，畢竟你當然不知道自己不知道的事，不過真的值得一試，但未必要找你不明白的事來嘗試。

舉例來說，截然不同領域的專家對於持續變化，有何說法？

生物學家大概會指出「演化」是持續而嚴苛的改變，也是物種適應的超能力。語言學家可能致力於探究語源，指出「uncertainty」（不確定）一字源自拉丁文的動詞「*cernere*」，表示「察覺或分辨兩者的不同」。我們應付不確定的能力，來自於分辨事物本質，以及釐清不同事物間關聯的能力。[60] 以充滿未知的恆星和星系為研究主題的天文學家，想方設法找出更準確估計變數的方式。人類學家在探討人類歷史上不同文化如何各自發展出故事、隱喻、儀式，因而形塑了我們的世界觀與人生方向，以及面對改變的態度（恐懼或樂於接受）時，也可能運用到天文學。

生物學家、語言學家、天文學家、人類學家，更別提鑽研歷史、神經科學、心理學、社會學，以及眾多領域的學者專家努力因應改變，針對「改變」進行研究，從而提出各自的觀點。他們在不同的道路上常常迷途，而面對改變也沒有單一的答案或解決方式，但根據每一門學科撰寫的腳本都有助於填補代溝，也不會因為一無所知而害怕。

不同的專業對於改變各具見解，不妨這麼想：**不同的專業給予你腳下土壤不同的滋養，幫助你站穩腳跟，確認方向。你越是能夠設想他人的立場，從他們精心寫就的腳本和人生角度，來體察改變，就越能充分理解事物的全貌**，包括你自身的挑戰，你必須因應的改變將來自何方，你可以用哪種方式來順應這些改變。這樣一來，你不僅鞏固了自身的根基，也能夠幫助別人坦然接受迷途的狀況。

印度暢銷作家艾米塔・葛旭（Amitav Ghosh）的小說內容橫跨不同的時間、地域和文化。為何有些人害怕改變，有些人卻不怕，他有令人信服的見解。葛旭表示：「我的原生家鄉對於這個世界或者未來，都沒有太美好的期待。我們知道會有很多劇烈變動，我們也親眼目睹過不少變動，所以在這層意義上，我想我並沒有像西方人那樣相信穩定和確切的未來。」

葛旭接著說：「我有個哲學家朋友說：『對於未來的投射，基本上全都是權力的投射。』這就說明了為什麼做出這些投射的都是白人，因為他們真的投射出一個沒有權力的未來。我根本不知道未來會是什麼樣子。」[61]

葛旭短短幾句話，卻道盡了我們和改變之間千絲萬縷的關係。某些文化經常見識到改變，或者在許多方面體驗到迷失，已經習以為常。對這些文化來說，持續改變是腳本。不停變動是規則，靜止才是例外。你大概會想到游牧民族便是最顯著的事例。如果在你一生當中，每年都得遷徙數回，重新整頓一個家，你自然而然就會培養出永恆的無常感。改變是你的常規。

在光譜的另一端，某些文化歷經長治久安，泰半害怕改變，直到恐懼感變成腳本的一部分。尤有甚者，當我們擁有更多的工具，從全球衛星定位系統到追蹤預算的應用軟體，讓自己看起來沒那麼迷失，這份恐懼就埋得越深，但是恐懼不會消失，而是在心底化膿生瘡。我們內心深處依然相信自己能夠掌握變數，控制未來，但如今我們已經發現，正是這種心態導致今日的局面。

一旦你啟動變動型思維，學會謳歌迷途，這股積極正面的情緒就變成新腳本的一部分。否則你將持續受苦，始終無法做出明智的決定，敞開心胸接受新機會，或者完全做自己。

將迷途視為常規的文化在因應不斷變動的局勢時，能處於更有利的位置，而且無須全球衛星定位系統也能辦到。我並不是說游牧生活很輕鬆，或者經歷劇變可以讓你對恐懼免疫，絕非如此。應該這麼說：某些文化將持續變化視為規則、而非例外，並且將其納入腳本，就能夠順應情勢彈性調整思維，以適應取代控制。那麼，彈性究竟有多大？

探訪未知、擁抱各種可能

你是否曾經有股想旅行的衝動，卻不知該去哪兒？

你是否曾經想嘗試新事物，卻不知該做什麼？

你是否曾因為必須「有計畫」而惱火？

你是否想過生命或許除了「獲得成就」之外，還有更多可能？你真的清楚想過要獲得哪方面的成就嗎？

假如上面有任何一句話引起你的共鳴，歡迎一起來探訪未知。

探訪什麼？

探訪未知（Coddiwomple）。多麼可喜的字眼。

變動型思維的辭典裡必定有「探訪未知」這項條目，雖然還是在大部分字典裡很難找到，因為仍有太多字典代表舊腳本。此字表示刻意邁向未知的方向。[62]

探訪未知不只表示你勇於迷途，也意謂著從一開始刻意迷失、充滿期待的心情。你可以用探索未知的心情找一份你從未聽過的夢幻工作（如果令你感到好奇，請翻開第六章〈打造多元職涯〉），也可以用探訪未知的歷險心態度過此生。探訪未知受到目的、勇氣和真實的驅使，卻迥異於傳統，也跟現今大多數人生導師的說法背道而馳，重點是必須捨棄舊腳本的金科玉律：「成功」是固定的里程碑，而「抵達終點」必須是預定的目的地。[63]在探訪未知的世界裡，「成功」和「終點」日新又新，不停在變化，而這就是生命的本質。

探訪未知的人並不期望「變成」某人或期待某事發生，因此心情平靜。她在途中捨棄了舊腳本，開拓出自己的道路。她坦然面對迷途，因為她知道真正有價值的機會就在那裡。她一直在彙整新資訊，將目前的自己和可以變得更好的自己一併納入新腳本，而不是把舊腳本上頭的自己賤價出售。探訪未知者體現了變動的概念。

小姐，妳迷路了嗎？

任何人任何時候都在面對某種迷失。只是當改變猝然發生，這股迷失感有可能變成漂泊無依的感覺。啟動變動型思維，不僅能幫助你重新掌握方向，也有助於利用因迷失而產生的力量。

除了上面分享的經驗，你還可透過許多方式，在日常生活中主動積極尋找迷途的機會。以下是一些證實有效又簡單的做法，可幫助你培養這種超能力：

・採取旅人的心態，就算你只不過是從房間走到後院或附近一帶：你身上帶了什麼東西？附近有什麼是你確實知道的（而非自以為知道、或者希望自己知道）？有什麼是你不知道、但值得一探究竟的事物？

・當改變猝然來臨，你首先有什麼情緒？你看到的是危機或開始、災變或代表轉折的中陰？花些時間感受這些情緒，想一想為什麼它們是你內心的預設值？若你採用另一種情緒，會發生什麼情況？

・像一個探訪未知的人那樣思考。你彷彿要前往陌生的所在，這種刻意為之的旅行態度像什麼？

・關掉全球衛星定位系統。以人的方式去摸索環境。

・戴上眼罩，去摸索家中的空間或後院。在黑暗中吃晚餐。緩慢移動，常常停下來注意周遭，留神聆聽。在內心描繪行動的路徑（或食物擺在餐盤上的位置），之後再測試你有多準確。

勇於迷途和其他七種變動超能力相互重疊，所以你還會再讀到它。現在只要記住，勇於迷途才有機會被找到、跨出舒適圈（而且隨遇而安）、多接觸陌生事物。這是新腳本的一部分，專為你在多變世界裡的獨特旅程而打造。

勇於迷途：思考練習

1. 當你失去方向，你通常會感到挫折、害怕，還是充滿好奇？

2. 你覺得繞路而行是麻煩還是歷險？

3. 在你成長的過程中，大人是鼓勵你跟不同的人一起玩，還是跟背景相似的人做朋友？這群友伴是什麼樣子？你從他們身上學到了什麼？

4. 當你面臨不確定的情勢，你賴以立足的根基是何人或何物？是什麼幫助你找到方位？

5. 你的世界觀中有多大程度是納入其他的文化或傳統？這些外來的腳本跟你自己的腳本有哪些不同？你是怎麼接觸到這些文化的？

持續注意周遭，多加留心，繼續把這些令人驚喜的發現融入你的新腳本當中。

第四章

從信任開始

想知道某人是否值得信任，最好的做法是相信他。

——海明威（Ernest Hemingway）

當前全球瀰漫著信任危機，動不動就演變成頭條新聞，大家早已司空見慣。全球的信任指數不斷下滑，堪稱史上最低。[64]大家對於企業、政府、媒體、學術界的信賴感基本上已經破滅。更糟的是，我們也越來越不容易相信人。以下是幾個最常出現信任問題的層面：

- 我們不相信政府領袖或企業執行長會遵守道德規範。
- 我們不相信媒體會報導真相。
- 我們不相信企業會認為社會需求比每季獲利重要。

- 我們不信任那些外表、飲食、穿著跟我們不同的人。
- 我們總覺得員工上班會遲到，還會剽竊智慧財產權。
- 我們不信任鄰居會尊重我們的平靜和隱私。
- 我們覺得讓孩童獨自學習或玩耍不太安全。
- 我們不相信銀行會將每一個客戶視為個體，他們只關心帳戶餘額。
- 我們不相信教育體系能夠教育下一代面對未來。
- 我們對於食物的源頭有疑慮，也不信任生產這些食物的公司。
- 我們不相信任何事，所以才發明出文書，有了具法律效力的合約和訴訟。
- 我們不相信你知道什麼事對自己最好。
- 假如覺得以上不算什麼，如今還有不少個人和組織正在暗中施展手段，蓄意破壞信任，分化社會。

儘管有不計其數的法律、規章與證書，也有負責監督的組織理應施行這些規則，人類依然在各個層面上都缺乏信任。有太多的制度、領袖、同僚、同儕、制訂政策者、鄰居讓我們心生懷疑，我們甚至不太相信自己（幸好情況稍微好一些）。[65]

我們已經無法找到定位，亟需重建信任，不論是個人、組織或整個社會，都必須找到北極星，否則未來會超乎你想像的黯淡。

信任感危機並非始自今日，如果這麼說有一絲安慰的話。綜觀歷史，信任始終是一大問題。鑽研信任議題的專家瑞秋・波茲蔓（Rachel Botsman）在《信任革命：信任的轉移與科技》（*Who Can You Trust?*）一書中指出，探討「信任」一詞定義的學術論文數量最多，超過任何一項社會學概念（包括對「愛」的討論）。[66]

波茲蔓對信任的定義是「充滿自信地面對未知」。[67] 根據字典，信任是「沉著倚賴某人或某物的人格、能力或真實」，或者「依靠未來或難以預料的某事；希望」。顯然，自信、希望與變數扮演最突出的角色，合起來就是我們偏好採取的視野，影響我們觀看世界的方式。當我們對自身、周遭環境和未來充滿自信，就會比較容易付出信任，但若我們對上述一切不太有信心，信任感就會動搖。我們內心的希望變成了恐懼。

然而，信任不只需要有自信心和希望，也跟一己的意圖有關。

當你充分表達出信任，你是在傳達自身的信實、可靠，既真實又具有價值，是邀請對方來修補、加強彼此之間的關係。但要是你發出「信任我」的請求時，只是用來拍對方的馬屁，或者為了從某人身上撈些好處，難免就會令人懷疑，可能招致反效果。信任與自身的利益是反面相關，亦即其他條件無差別的情況下，你幫助他人的意圖越是真切，不摻雜個人利益，你就更加值得信賴（而備受信任帶來的「利益」也越大）。

本書正是信任的表徵，而本章反映出在我雙親過世後，原本建立信任感的漫長旅程一下子以光速推進。我赫然發現自己必須付出信任，才能夠重建人生，繼續活下去。而且我必須這麼做，剛好就在我發現這個世界以各種方式在我眼前消融不見（枉費我曾經那麼信任它）的時候。

我必須相信他人給我的引導，其中有些人素昧平生。我必須相信心中的悲痛、我的內心和內在的聲音，才不致步入歧途。或許最重要的是，學會信任代表著相信愛，而去愛某人並不代表他們一樣會猝然離世。

這趟旅程既不平順，也無從預測。我一路上遇到好些人，趁機利用我的悲痛來佔我便宜。但我一次又一次發現，這種人算是例外，並非常態。大多數人基本上都還不錯，對人生和他人都心存善意。每當我體認到這一點，就覺得自己站得更穩一些，也更有信心和能耐，沉著地應付突如其來的變化。

我開始意識到，舊腳本充滿了猜忌、恐懼，人們老是處於防備狀態，不僅無法幫助我重建人生，也會對人類造成傷害，有百害而無一利。就這樣。

幾年過去，我內心的信任一層層地形成。獨自旅行了好幾年，幾乎每天都會發生一些事，敲開我的心房，對世間多一點信任：晚上住哪裡、跟誰說話、付多少錢、是否該接受某個邀約。我正是根據信任和不怕受傷的原則，開始重建一群「選擇出來的家人」。這批大家庭的成員一起培養出極大的信念和信任。長期下來，大家就像樹木的根系一樣彼此交纏。

談到信任，如今身為未來學家的我總是隨時關注接下來的發展。從一方面來說，新科技大幅擴充了我們與他人連結的能力，並且在過程中和原先不可能認識的人們建立信賴感。另一方面，各式各樣的企業和組織都試著以柔性方式說服我們，它們本身是值得信賴的，但我們透過經驗了解，對它們付出信任有多危險，在個人和群體上都有風險。一家企業越是大肆宣揚：「我們有這個，相信我們！」你越是不該相信它。

信任猶如膠水，把人與社會緊緊黏在一起，沒有什麼東西比它更能夠促進人性，創造更加安全明智的世界。然而，歷經數年培養起來的信任，卻可能毀於旦夕。當信任感存在時，你無法明確指出它，就像指出一個人或一件家具，而且信任不能靠別人施捨，你必須贏得他人的信任，即使很多人試過別種方法。

人類在許多方面都處於相互猜疑的情況，一路往下滑，而且多半不曾注意到發生了什麼事。但大可不必如此。我們該如何找到回去的路徑？

超能力：從信任開始

當信任感破滅，先抱持善意。

大多數人從小就被教導別和陌生人說話。

大多數人從小就被灌輸一個觀念：一旦下課鐘聲響起，就算你全心專注於手邊的事或功課，都必須換檔。

當我們成為專業人士，常被要求簽署保密協定，上下班按時打卡。我們在鍵盤上敲出的字、臉上的表情，都逃不過新科技的追蹤。

再看一次這些例子，以及本章開頭列舉的一長串例子。我們被各式各樣的事物支配，以此展開生活、工作、養家活口、思考未來。我們把「人類不可信任」這項假設內化成標準信念。並不是說你自動猜疑每一個人，而是很多人心中的預設值是一般人不可信任。慢慢地，猜疑不僅變成我們平常立身處世的方式，也變成無所不在的桎梏，束縛了個人與群體的夢想。

你想用這種方式度過人生嗎？還是說，你希望別人這樣看你？

談到信任，舊腳本像是凌遲的酷刑。日復一日，我們一再被耳提面命：人會辜負你的信任。我們無法相信人，也不該對人推心置腹。在其他因素都相同的情況下，你不能也不該相信我，我對你也是一樣。

且慢，我們現在到底陷入什麼樣的處境？

我們正在剪斷人類連繫的紐帶，割裂社群，而這些曾是信任的結構。我們將猜疑視為常態，和其他人失去連結，甚至切斷與自身的聯繫。我們燒焦了以往豐饒的土地，無法再孕育生命，就連信任也無從生根茁壯。

還不只如此。我們同時打壓好奇心，使不平等的態勢加劇，花費極多的時間、金錢、精力來維持這些體系（容後細談）。

請記住：這是舊腳本，但這是一個變動的世界，而這套腳本正在我們眼前瓦解。在變動不居的世界中，顯然只有信任是膠水，足以把人際關係、組織、文化加以黏結。在世界混亂顛倒時，你唯有用信任定錨，站穩腳步。有信賴感的關係幫助你用自信的態度度過急湍，猜忌則使你被恐懼包圍，跟他人切斷連結。

從信任開始並不代表天真（重申一次，這是舊腳本的設定），**也不表示社會上沒有害群之馬。這項超能力的厲害之處在於稍微修改原則：把不值得信賴當成例外，而非常規，就會有驚人的成效。**

談到信任，新腳本其實不算新，而是亙古常在。新腳本汲取自人類普遍的意識，以及流傳了數百萬年的原民智慧，但隨著經濟「工業化」、舉世「現代化」，我們讓消費者大眾行銷和金錢掛勾，也就改變了這套腳本，而原先的智慧也逐漸從集體意識中退卻。但這套「新」腳本一直都在，現在正是把它找回來的時候，以下幾點意見是很好的開端：

- 人類天生有創造力、好奇心、值得信賴。
- 倉鼠踩的滾輪不是為了人類而設計的，也會給人類帶來害處。
- 掠奪自然資源是不對的。
- 信任並非透過行銷活動建立起來，而是在我們互相關心、彼此照看、讚美對方的成就時獲得的。

檢視你對於信任的看法：

- 你認為人性本善、抑或天生有惡劣的一面？
- 你認為自己是從何處獲得這種想法？
- 這種既定想法如何在你的人生中形成？
- 你能夠考慮相反的立場嗎？這麼做可能帶來何種影響？
- 配偶的信任和組織的信任有何不同？

・科技是幫助你更加信任人，或者失去更多信任？
・當你開口要別人「信任你」的時候，感受怎麼樣？

一旦你相信自己，你會知道該怎麼活。
——德國詩人歌德（Johann Wolfgang von Goethe）

如同其他的變動超能力，從信任開始（同時接受新腳本）這項超能力，只有在你開啟變動型思維時才會出現。舊腳本認為心懷善意很蠢，而諷刺的是，舊式思維覺得信任他人是你（而非另一個人）人格上的瑕疵！但若你相信新腳本，意欲打造洋溢著人性的未來，那麼信任可能體現了變動超能力中最強大的力量。

猜疑摧毀創造力

想想最近一次你受邀加入的一場團隊腦力激盪會議，裡面的人卻說你只須「盡好本分」，按照分配的主題來思考，不可越雷池一步。或者別人說你問了個「笨問題」，或者別的部門同事不知道你在說什麼。這些例子在在充滿了猜疑。

基於猜疑而設計的體系箝制我們的好奇心，逼我們噤聲，斷絕眾人之間的聯繫。我們扼殺了原本使我們更加聰穎的事物。

我們抱著猜疑進行規劃時，多半會摧毀團體內的創造力。[68]死板的職稱和管理階層制度最擅長這一套，義務教育也是一樣：我們要小孩用同樣的步調學習，無視於他們本身的好奇心。（早上八點上歷史課，九點上數學！塗顏色時不要超出線外，現在你應該要解開數學算式，不准寫詩！）難怪很多聰明的小孩覺得求學很痛苦。沒錯，社會是要確保大家具備基本知識（探討當今教育體系的問題，超過了本書的範圍），但是更重要的一點是：總體而言，孩童的好奇心和創造力就這樣在「我們不信任你」的社會情境中，日復一日一點一滴消失殆盡。

我們為什麼要這麼做？無論是身為孩童、成人、專業人士、父母、創新者與策動者，我們為何不採用釋放創造力的方式來規劃，揭開變動超能力的真相呢？現在就來看看這麼做的理由與做法吧。

（過時的）規劃破壞了信任

在我的專業生涯裡，最痛苦的猜疑經驗來自律師工作。無論目標是推動普惠金融、建立更永續的企業、或僅僅是要確保某人履行交易，最好用的工具無非是合約、究責的法律措辭、訴訟。我不記得哪一次曾停下來考慮一份雙方互信的合約，預設的立場總是猜疑，而且越是採取嚴厲的法律行動來恫嚇對方，越可能得到想要的順服。我日益憂心：人和人之間的連結到哪兒去了？我去讀法學院是為了幫助大眾更有力量，但律師的職務似乎被設定為分化眾人，灑下不信任的種子。

我並非要說合約或法律規範不重要。恰恰相反：以法律為指導原則，以及捍衛法律的能力，從未像今日這麼重要。我想說的是：我們用法律術語寫成的文書，來取代人與人最基本的連結；在這個過程中，我們也斬斷了凝聚整個社會的人際關係。

但是律師事務所還只是開端而已。一旦你認真追查，就會發現大家都認為到處都有違背信任原則的狀況，但不是因為大多數人不值得信賴，而是因為我們在一般人不可信賴的前提[69]下，來規劃許多事物，以致真誠可信受到排擠，沒有出現的機會。類似的例子不勝枚舉，以下擷取幾個例子（稍後有詳細說明）：

・管理階層薪酬太高是破壞了信任。

・廣告多半違反信任原則。行銷活動聲稱「相信我們！」，卻做不到完全透明。企業追蹤、監視顧客的一舉一動，[70] 探勘他們的個人資料，好賣掉更多東西，但顧客卻始終不曉得內情。

・用來獎勵或激勵員工的措施，是企圖遮蓋這份工作真正的含意——可能是代表日益升高的壓力；或者是他們被公司僱用來生產、銷售產品，卻對環境造成傷害；抑或太看重短期利潤，不顧長遠的全民福祉……全都破壞了原先的信任。

・投資型基金被拿來挹注惡質的公司，其業務內容違反信任原則。

不平等滋生了猜疑

假使有一名執行長的薪水跟其他團隊成員頗為相近，另一位則領取高出許多倍的薪酬，你更願意相信誰？為什麼？

有一家公司跟員工共享利潤，攤開帳冊供大眾檢視，另一家公司不肯公布這些細節，你更相信哪一家？為什麼？

你更願意相信有錢人或是窮人？為什麼？

不平等和猜疑有關。某個組織、社會、國家或文化當中的不平等越明顯，猜疑就越深。

以美國為例，一九五八年時，執行長的薪水平均比一般員工高出八倍。一九六五年，兩者的差距拉大到二十一倍，一九八九年是六十一倍，二〇一八年是兩百九十三倍，到了二〇一九年膨脹到三百二十倍。[71]這就表示執行長的收入通常要比他麾下的員工高出三百二十倍之多，而且很滿意這種安排。但是，從員工的角度來思考這種現象，哪裡還會有信任呢？如果說執行長很想領取高薪，那麼他們並非真心想獲得信任。再者，公司本身（包括董事會）同意採取這種薪資結構，正是在醞釀互相猜疑的文化，也削弱了韌性與永續方面的成效（第五章會詳談）。不只如此，薪資差距大的公司通常治理成效不彰。[72]

猜疑和不平等有關，並非美國獨有的現象。這是全球共同面對的惡果，而曾經被殖民的地方受創尤深。殖民主義扮演的角色，其一便是曾經（至今仍是）在原住民和殖民者、本地人和外國人之間建立一道牆。摧毀信任感不只催生了「我們vs.他們」的心態，結構上的不平等也因此合法化。這套體系很久以前便已播下第一批猜疑的種子，如今已衍生成一片雜草，高階主管令人咋舌的薪水不過是其中之一。

獎勵性薪酬是有用又強大的工具，廣受世界各地的組織採用，成效斐然。但任何東西一旦過多都有害處，而世上兩千一百位億萬富豪的財富竟然比四十六億窮人的財產總和還多，[73]這個制度已經失靈是不爭的事實。

古老的智慧，亙古常在的信任

在我們從猜疑的陡坡滑下去之前，不妨先朝歷史走近幾步，以更加了解前人的做法，引導我們邁步走向更美好的未來。

現代世界充斥著不信任，其實古代的原民智慧有非常多值得學習的地方，而且這些智慧蘊含了極其珍貴的線索，在今日依然適用，教導我們因應變動。

原民智慧根植於信任與各種關係：人類與環境的關係、四季和活動的關係、工具和生活的關係，以及過去、現在與未來的關係。

綜觀人類史，人們從早到晚觀察大自然，逐漸明白何時可以捕魚？季節何時遞嬗？鳥在哪裡下蛋？星辰如何移位？

綜觀人類史，人們大多時候住在同一塊土地上，形成社區。[74]我們以集體的思維運用公共資源：集水區、土地、食物、遮蔽處。沒有哪項資源只由某人獨享，卻拒絕另一人使用。我們知道要為未來打算：假如你發現鳥巢中有蛋，也不會全數拿走，因為你希望明年依然看得到鳥。

這種智慧得來不易，是幾千年來的耐心、勤勉、專注與信任累積而成。不論是澳洲最早出現的土著、加拿大的第一民族（First Nations，法律上與印地安人同義）、南美洲安地斯山脈的奎丘亞人（Quechua），或者世上其他數千個部落，這種古老智慧迄今仍承載著人類的故事。

然而，這一切在殖民主義與消費主義雙重夾擊之下，幾乎體無完膚，因為原民的智慧對殖民與消費主義構成了威脅。

殖民主義與消費主義經常說原住民的管理方式是異端，殖民者汙衊原民的智慧，稱之為「未開化」。消費導向的大眾行銷手法則企圖混淆視線，讓我們看不清楚原民智慧是亙古常新的道理。（還記得第二章提到消費者與公民的鴻溝嗎？那也是我們信任危機的一部分。）我們幾乎看不清真相，還以為這些扭曲事實的說法是完全正常的。一家公司供我們分享相片，卻把我們交出的個人資料賣掉？沒問題呀！執行長的薪水比其他人高出一千倍？沒問題！各種扭曲真相的說法，可能是（也可能不是）我們妥協後的結果，但不管怎麼說，都嚴重違反了信任原則。

再者，這種現象不僅使我們對組織失去信任，也開始懷疑彼此。猜疑很容易悄悄潛入。一旦我們將其視為常態，甚至不會注意到它的存在。但是若你後退一步，從掌控一切的資本主義和過度保護的智慧財產權的縫隙，或只是關心小孩在攀爬架上是否安全，看看我們所做的一切，[75]真的很怪異。光憑常識就知道我們能夠表現得比現在好很多；原民智慧知道我們可以。

身處二十一世紀的我們正設法重拾信任，這種亙古常新的智慧是促使你我成功的祕訣之一。它也是「新」腳本的一部分，而且早在舊腳本問世前便已出現。我們無須尋找新的解決方案，只須重新辨明方位，與自身和他人連結，並且重新發現我們早就明瞭的一切。

信任、真相與古代文化

三千多年前，印度有好幾位賢哲寫出多部梵文經典，形成今日印度傳統的骨幹。其中一部作品是《瑜珈經》（*Yoga Sutras*），據傳是聖哲巴坦加里（Patanjali）所著。[76]巴坦加里在這部傑作中臚列了幾點舉世通用的道德制約和規範，即戒律與正行。第二道戒律是真誠（satya），其字根「sat」的意思是「真實的本質或本性」。

就真誠而言，信任只有在內心真誠無訛時才會出現。練習真誠必須全心保持真實，亦即在言談、行為與意圖上，對自己真實，也對他人真實。當我們不真實，就會跟更高的自我失去連結，我們的心智變得混沌，也無法信任自己。透過真誠，我們得以信任自己內在的智慧與外在的世界，包括變動中的世界。

大約一千年後（至今在印度亦然），脈輪體系出現在另一部古代典籍《吠陀經》（the *Vedas*），[77]因而逐漸為世所知。脈輪是人體內七大能量中心，通常沿著人的脊椎，以旋轉的盤子或輪子形狀呈現。脈輪的健康狀況直接影響到你的心智、身體與精神狀態。

第一道脈輪叫做海底輪，是你的根柢，主掌安全感。第二道脈輪叫做本我輪，意思是「自身的位置」，主掌你的情緒，包括你感受的權利。

若你無法信任，也就失去感受的能力。你得先有信任，才能夠敞開心胸去體驗、投入、學習、保持活力。若你缺少感受的能力，你體內所有的一切，包括你個人的力量、身分、自信、憐憫、發言權、感知能力與直覺，都可能壅塞，甚至完全中斷。你的潛力是以信任為支點，周轉運行。

近兩千年後，在地球的另一端，中美洲的托爾特克人（Toltecs）進一步提升了我們對於信任的理解。托爾特克人認為真實與信任是一切概念的中樞，而唐．米蓋爾．魯伊茲（Don Miguel Ruiz）所寫的《打破人生幻鏡的四個約定》）（*The Four Agreements*）讓這個概念廣為流傳。[78]第一項約定就是保持言語的清白無偽。除了展現真實與可靠，還有什麼方式能夠保持清白無偽？

新腳本的設計源自於信任

舊腳本裡充斥著猜忌，形同凌遲處死，這類手法我們早已司空見慣。反之，標榜信任的新腳本為那些能夠接納變動型思維的人，帶來極大的機會，其實是一種超級超能力。當我們抱持負責任的態度，從信任出發，就創造了豐盛、連結與同心團結。設想下列情況：

- 維基百科（Wikipedia）是全球性的線上百科全書，世上每一個人都可編輯其中的條目。[79]
- 網飛（Netflix）的員工費用政策只有一句話：「以網飛的最佳利益為行動準則」。[80]沒有花俏的人力資源手冊、每日津貼，也不必在表格上簽名。言簡意賅。
- BlaBlaCar 是全球性的跨城市共乘平台，營運據點遍及歐洲、亞洲及拉丁美洲。前往相同方向的旅人利用它的共乘服務，原本素未謀面的人通常很快變成朋友。BlaBlaCar 載運的旅客人次是整個歐洲火車幹線的四倍之多，目前市值逾十億美元。
- 普惠金融是提供小額貸款給從事經濟活動的窮人，無須抵押品。傳統銀行將這種客戶視為「不可借貸」，但普惠金融客戶償付的利息往往跟其他類型的貸款一樣高，甚至更高。

・早期阿根廷的原住民擅長馴馬術，當地人稱之為「doma india」。[81]他們認為透過毒打來制服馬匹，既殘忍、也教不出會幹活的動物。（許多年後，歐洲人抵達南美洲，當地才開始採用毒打馬匹的做法。）

・在肯亞的基貝拉（Kibera，鄰近奈洛比〔Nairobi〕、位於市區的貧民窟）和世上其他類似的地區，鄰居之間會分享食材。一戶人家拿出鹽，另外一家拿出麵粉，無須做分類帳，也不必簽借據。「有什麼就拿什麼」的做法不限於自家的食物櫃，而是推及到整個社區。

・開源軟體（開放原始碼軟體）可供任何人使用、研究、修正、分享。它是透過協作、公開的方式進行開發。也就是說，它跟透過法律築起護城河介入保護的智慧財產權是對立的。現今有些開源軟體功能強大，而且很受歡迎。這項概念早已推廣到眾多領域，幾乎每一個產業部門都有開源專案、產品或相關倡議，靈活運用開放互換、公開透明與協作的原則。

網路百科全書、共乘服務、人力資源部門、軟體開發、金融服務：這些例子各不相同，但它們都具有什麼樣的特點？

它們的規劃皆是基於信任，[82]而建構新腳本，少不了信任這塊積木。

上述體系、模型、產品與服務都是基於「大多數人心中有善念、可以信賴，而且天生渴望和其他人連結」這樣的信念加以建立。雖非全部的人都是如此，但大多數人是！[83]基於信任的規劃承認世上有老鼠屎，但是把這種人當成例外，而非常態。

有基於信任的規劃，創造力才得以盡情發揮，不致被猜疑摧毀。開源軟體和網飛的人資規範相信大家可以一起把事情想清楚，共享新發現。他們消弭了對匱乏的恐懼，用信任催生出豐盛。

上述例子乍聽之下不太合理，迫使你檢視自己在猜忌懷疑的兔子洞裡走了多遠，且往往不自覺。你搞不好會覺得難為情。

但只要你突破這層障礙，確實思考這些例子代表的含意，你會想要更多。你想加入這個行列，猶如大使般到處推廣「值得信賴」的概念。你渴望有更多信任：信任對方，也獲得對方的信任，在基於信任打造的世界裡生活。（光想都覺得超級美好，不是嗎？）

我是從傑瑞・米哈斯基（Jerry Michalski）那裡得知「基於信任的規劃」這項概念。那時是一九九〇年代，米哈斯基是預測科技趨勢的分析師。他在針對不同公司進行研究時，驚駭地發現消費主義箝制了現代人的生活。這些年來，他見識到把人視為消費者，而非公民、創造者或協力者、或單純是個人，也衍生出各種背棄信任的情況。之後，他針對「基於信任的規劃」提出了一些獨到見解。[84]我越來越信任米哈斯基和他的思考方式，最後就跟他結婚了。

新腳本：傳遞信任的領導

我聽到你內心的疑問：「這個概念我懂了，但身為領袖，從信任開始的領導或基於信任的規劃，到底是什麼情況？」以下簡單介紹信任領導的做法、從何處著手，以及遠程目標。

藏頭露尾真的很討厭

你一定見過（想必也親身經歷過）企業的所作所為，在在背離了信任原則。當你基於猜疑進行規劃，就必須向員工、顧客、友人隱瞞資訊，更諷刺的是你得欺瞞那些你一心想安撫的人（淺白地說，就是你想延攬的新血）。假如你的薪酬結構高到不合理，你就無法開誠布公跟下屬溝通。你可能會推動「相信我們！」的行銷活動，但在員工和顧客看來，你是因為缺乏誠信才這麼做。

檢驗你任職的公司是否值得信任，只要看薪資是否透明公開就知道了。如果公司舉辦行銷活動是為了勸說顧客，而非給予他們更多資訊，或者公司只要員工排成一列依序前進，它很可能不太可靠。

若要打造值得信賴的組織，少不了大刀闊斧清除障礙。好消息是，有許多種方式可以辦到。

「信任稽核」是不錯的基準線，可用來衡量各個面向的信任值是高或低，或根本不存在。你知道該怎麼做嗎？你是否大概知道缺乏信任的風氣是如何潛入組織內部？你是否將基於猜疑而制訂的政策，套用在根本沒理由懷疑的同僚身上？

首先，寧可失於寬縱，也不要過嚴，就好像考試時可以翻書一樣，讓全部員工知道預算、薪資和衡量的指標。

之後更進一步，讓員工一起制訂薪水獎金。請相信只要你願意授權給下屬，並且給予充分的資訊，他們一定不辱使命，以回報你的信任。你讓他們得以充分發揮天分，還把匱乏變成豐足。人們感受到信任時，不只變得更有創造力，也會有更強大的生產力。

接著，沿著信任的道路繼續前行：實踐信任的原則，培養職場的民主風氣。將公司股份與所有員工共享，至少有一部分的業務要以合作的架構進行。

過程中可能還會出現一些問題，值得你花時間尋找答案：

- 說到衡量指標，並非每件事都能用數字衡量。你要如何衡量信任？
- 如果組織的文化與永續性是根植於人與人際關係，你要怎麼衡量其健康的程度？

• 你認為對方是出於善意嗎？如果你不這麼認為，一開始為什麼要僱用這個人呢？

顯露脆弱與信任的悖論

若你是某個組織的執行長，聽到我說「顯露脆弱」，對你來說意味著什麼？對你的同事來說又代表了什麼？

你和另一半談到了「顯露脆弱」，對你來說意味著什麼？對你的伴侶來說又代表了什麼？

你可能會發現自己的答案完全相反。在商場上，顯露脆弱通常讓人聯想到軟弱。但私下相處時，展現脆弱的一面卻是極為珍貴的人格特質，使我們能夠去愛、被愛、對這個世界完全展現自己。

舊腳本告訴我們，展現脆弱是負資產，必須把它從體系中移除。

但是在套用新腳本的變動世界裡，我們必須用負責的態度，將「顯露脆弱」有效規劃到各種體系當中，以增強韌性，容許自由演變的情況，以喚醒我們「渴望連結、做正確的事」這一部分的人性。

在新腳本當中，**顯露脆弱是資產，而非負債**。我們不再像是快抓狂的律師，對客戶說在任何情況下都不可露出脆弱的一面，否則會輸得徹底。大部分時候，律師之所以抓狂（我以重回崗位的律師身分這麼說），是因為擔心無法再收取某些費用。

但是，這麼做很怪！

假如上述內容讓你覺得聽起來有點怪、違背常情、令人尷尬甚至害怕，這是很普遍的反應。畢竟你多年來仰賴舊腳本和這一套陳舊的思考方式，很難馬上割捨，或者承認它們已經失效。舊腳本和舊思維不只需要改寫，還需要全面轉化，而在你這趟培養領導力的旅途中，這是最令人期待、最有收穫與成就感的挑戰。

在信任感低迷的時代，值得託付的領袖和組織更有魅力。在不斷變動的世界裡，信任可用來指引道德的方向，把你和其他人區分開來。值得信任的特質讓你脫離舊腳本的通俗戲碼。信任能夠吸引顧客一再回流（還不用編列行銷預算！），讓你的生意長長久久。今日，這種嶄露頭角的機會要比往日更大更多。

此外，請記住：從信任開始不光是跟你有關，眾人協力建構意義更增加了集體智慧，而整個群體皆以信任為本，也激盪出更多力量。想想你該如何鼓吹其他人付出信任，而集結眾人的力量能夠創造出多棒的成果。現在你總算找到了新腳本，設想幾種新（但卻是互古常新）的方式，據以工作、生活、創造、學習、通力合作或帶領他人，立身處世。

我們在變動中付出信任

在不斷變動的世界裡，相互猜疑的文化不僅令人灰心、缺乏效率與公義，社會還可能因為人們缺乏信任，開始分崩離析。缺少信任，根本不可能妥善應付層出不窮的變數，就好像海面上出現狂風暴雨，但即使很多人明知一己和群體得仰賴指南針和救生衣方能存活，卻還是把它們扔掉。

目前船隻才剛開始傾覆，而船身的裂縫明顯可見，充滿不確定的情況益趨複雜。人類真有可能達成共識嗎？

不過，正如李歐納．科恩（Leonard Cohen）在他的歌曲〈讚美詩〉（Anthem）中所說的老生常談：光線正是從這些裂口進來，我們也才可能爭取到更光明的未來。現今的狀況既是警鐘，也是邁向轉變的開端，我們站在入口，重新思考規劃生活、工作、與他人相處的方式。我們可以（甚至是必須）重新思索，拋下過去學到的事物，抱持信任，重新學習，再度出發。

從信任開始：思考練習

1. 你覺得一般人可以信任嗎？原因是什麼？你這種反應是出於什麼經驗？
2. 你通常容易信任還是懷疑？
3. 你信任自己嗎？你對自身的信任，何時動搖得最厲害？
4. 若某項事物無法衡量，它是存在的嗎？
5. 當你開口要別人「信任你」的時候，感受如何？

第五章 明白所需

貪婪比所需多一點。

——印尼詩人托巴・貝塔（Toba Beta）

還記得那一天，那時我七歲，坐在爸爸蓋的廚房角落，斑駁的陽光灑進來，我的下巴才剛比桌面高一點點，媽媽在講話。

「艾波，妳剛學會加減乘除，也喜歡數字。我們覺得有個辦法可以讓妳多學一點。從今天開始，我們讓妳自己賺錢。」

我那時不太清楚這是什麼意思。我還有零用錢嗎？我得賺自己的零用錢，還是得賺每一份開銷？

結果我父母是認真的，就算不是每分錢都得自己賺，但也差不多了。從學校要用的文具、內衣，再到吃喝玩樂，我都得自己賺。雖然我想賺多少就賺多少，但我這七歲勞工的時薪並不高。我的父母是公立學校的老師，手頭向來很緊。

不出所料，我很快變得精打細算又有生意頭腦，運用各種能力來謀生：我洗車、除草，學著縫簡單的衣物來賣、幫鄰居打掃房子。我學會怎麼規劃收支，了解貸款和複利，最後理解了金融市場的運作方式。

我拚命苦幹，忙著學習，同時不知道自己賺的夠不夠花。我父母講得很清楚，錢不夠也別找他們幫忙，我媽每天把自給自足和獨立掛在嘴邊。七歲的我有時候感覺自己被遺棄了，好像沒有救生圈就被拋入深淵。

上了大學，看到朋友直接開口向父母要錢，我大吃一驚：他們都十八歲了，從來不用自己賺錢？我又驚又羨。

接著我父母過世，這些問題一下子擺在我眼前：究竟要多少才能符合需求？

- 活下去需要多少愛？
- 覺得安心需要多少保障？
- 照顧自己需要多少錢？
- 記住生命中的美好得有多少喜悅？
- 看到更好的明天需要多大的耐心？

• 踏出下一步需要多大的勇氣？

自從開始思考後，「明白所需」的概念多年來在我內心滋長，變得更加豐富也更複雜。投入全球發展工作，走遍邊境市場後，我心中浮現許多疑問，這些問題更直接，往往也令人不自在：

• 多有愛心才稱得上仁慈？
• 多少收入才夠讓人脫貧？
• 社會需要多少食物、用水、住房、醫療，才能蓬勃發展？
• 多少心力與奉獻，才能幫助到每個需要的人？

當今的世界由消費驅動，社會仍舊信服「越多越好」這套老掉牙的觀念，不停地做更多、賺更多、追求更多。這套腳本儘管陳舊，卻仍十分盛行，最常見的就是無止盡地追求：

• 想改變現狀，再多權力都不夠。

• 想擁有地位，再多名望都不夠。
• 想榮華富貴，再多財富都不夠。
• 想滿足欲望，獲得再多都不夠。
• 想贏過鄰居朋友，再多新玩具都不夠。
• 再多的成就都不夠。

對物質趨之若鶩，就會忘記為重要的事留點餘地，例如：

• 什麼程度算社會平等？
• 什麼程度算行為正直？
• 什麼程度算生活幸福？

說到底，很多人不知道什麼程度符合自己的需求？一切有點失控，但仔細想想，這大部分是附和舊腳本的結果。如果從符合需求出發，撰寫新的腳本，這些問題就會漸漸消失。新的腳本能夠生生不息、啟迪人心，並且以人為本。新的腳本重新定義衡量成功的指標，讓你學會明白所需，也會讓你對物質、行為、目標的看法就此改觀。

超能力：明白所需

在欲求無盡的世界裡，要明白什麼程度符合你所需。

「enough」（足夠）這個字的古希臘詞根是「enenkeîn」，意思是「攜帶」。人類歷史上大部分時間裡，一個人能攜帶的量就算符合需求了，所以這個概念原本是以個人規模來衡量。其他古代語言，從拉丁文、古英文，到阿爾巴尼亞文，也同樣強調「enough」充分、滿足的意涵：「enough」表示達成、獲得、符合了一個人的需求，不多、不少，剛剛好。

如今，「enough」是形容詞也是副詞，無論是在質、量，或是規模上，都強調充分與滿足：恰到好處，不多也不少。

然而，曾幾何時，「enough」逐漸偏離了原本的定義。在精神、情感、實踐上，許多人放棄了「符合所需」的典範，繼承新的衣缽：無止境地追求欲望，永不饜足。

這種轉變大部分可以追溯到現代消費主義的興起。消費主義的腳本讓個人和社會認為越多越好，你擁有越多，越有「價值」；賺得越多，地位越重要；追蹤你的粉絲越多，你越有分量……

真的是這樣嗎？

消費主義也讓所有人踏進倉鼠滾輪，越跑越快，卻看不到終點。（請回顧第一章〈跑慢一點〉）即使已經有崇高的成就，仍然渴求更多榮耀。

「越多越好」的心態，用數字和相對權力來衡量一切：「人的價值可以衡量」、「無法衡量，就是不存在」。你賺得比傑克多、你不如奧莉維亞有成就、你的房子比法蘭克的大、你的智商比茱莉亞低……等等。但是，這些數字真的能表達你這個人嗎？背後又代表什麼價值？

無止盡地追求欲望，以及這種心態背後的腳本，都很容易植入人的腦海，也很難抹去。實際上，再多物質也無法取代內心的價值感，但物質卻可以讓你破產（同時還會破壞環境）。但是舊腳本的說法卻剛好相反。今天的消費主義就是這樣設計的：「越多越好」代表永遠不滿足，你被綁在倉鼠滾輪上，不停點選廣告，拚命購物，但卻永遠不會心滿意足。

等一下。這是別人設計好的腳本。許多人如果停下來想一想，並不會選擇這個腳本。追求別人設定的目標，既讓人精疲力竭，又所費不貲，儘管能帶來一些樂趣，卻更常造成妒忌，更何況這個目標本身根本遙不可及。誰會願意為這種目標而活？

新的腳本看透「越多越好」是座海市蜃樓，決定該適可而止了。採取變動型思維，讓你重新設定衡量指標，打造新的腳本。從無止盡的追求，到了解什麼程度符合你的需求——這個轉變很簡單，卻也很重大。

明白所需，不表示要變得吝嗇無情，或過得捉襟見肘。會有這種反應（或顧慮）表示你完全誤解了這項變動超能力。剛好相反，**明白所需可帶來豐沛與寬裕**。[85]（很諷刺地，追求越多越好，會再多也不夠；但明白所需，立刻就會發現擁有的已綽綽有餘。）**明白所需，讓你更清楚真正重要的是什麼。明白所需，焦慮會減輕，也更能盡情發展**。培養這項變動超能力能讓你在世上充分發揮潛能。

明白所需，讓你看透互相比較毫無意義，並建立自己的「需求」指標，根據內心的滿足、生活的意義、良好的關係、強大的韌性、見識的拓展、助人的善舉，來衡量所需是否已經達成。這些指標比金錢更有意義。這些指標不會貶低別人的成就——如果各自明白所需，我就不會比你「更」滿足，反之亦然。如此一來，我們更能互相幫助。

關鍵就在這裡：在變動的世界，變化讓你暈頭轉向，這時明白所需就非常重要了。如果你在倉鼠滾輪上匆匆奔跑，不明白自己需要什麼，那麼變化來臨時肯定會十分痛苦。除了摔出倉鼠滾輪、不知該何去何從、擔心自己不符合社會標準（雖然是你自願迎合這些標準的），還擔心無法繼續「越多越好」的生活方式。換句話說，變化來臨時，你需要的越多——或與明白所需的距離越遠——就越難靈活適應。

但是我們有其他的選擇。本章會探討世界各地的人、團體、文化如何解決這個日常問題。

關係緊繃的原因：過與不足

說得清楚一點，如今，豐衣足食的人與缺乏基本保障的人之間有條鴻溝，關係也很緊張。有些人想要在生活中斷捨離，有些人卻連養家餬口也沒辦法，甚至找不到地方遮風避雨。

如同第二章所說，既得權利讓人無法看清全貌，往往會侷限你腳本的內容、你對腳本的看法，以及你認為腳本能否改變。擁有的是「過」或「不足」，某種程度上往往取決於你的既得權利——不管這種權利是你掙來的、別人給的，或純粹出於運氣得來的。

你是否明白所需？

- 你怎麼定義「所需」？你對自己和別人的標準相同嗎？相同的話，為什麼？

不同的話又是為什麼？

- 你如何定義自我價值？衡量的標準是什麼？
- 現在你有哪些東西多於所需？
- 現在你有哪些東西不足所需？
- 提到「所需」，你通常有什麼情緒反應？挫折、振奮、期待、恐懼、喜悅……？
- 「明白所需」如何幫你創造更美好的世界？

閱讀本章時，請將這些問題的答案準備好。

雖然本書的內容無法奪走你的既得權利，但要培養明白所需的超能力，一開始就得好好檢視你擁有的特權。因此，從你擁有的既得權利出發，請想想這幾個問題：

- 為富不仁是什麼意思？
- 錦衣玉食卻呼吸不到足夠的新鮮空氣，是什麼意思？

・待辦清單上的事太多，卻沒有時間思考，是什麼意思？

多於所需是過量，少於所需又缺乏保障，兩者都不適合變動型思維。**明白所需，代表你知道社會明白所需，代表減少多餘的物品，同時幫助有需要的人。明白所需，代表你知道社會需求要獲得滿足，個人需求才能滿足。**這種變動的關係可以用一個例子生動地說明。

世界各地很多人擔心自動化對勞動力的影響。我的工作會被淘汰嗎？如果我的職業過時了，該怎麼辦？職業不斷變化，期望不斷變化，工作的未來也不斷變化。未來是否會有「足夠」的工作讓「足夠」的人賺取「足夠」的收入，從而擁有「符合所需」的生活水準？

在瑞典，國家的政策要保護的是人，不是工作。瑞典政府明確表示，政府並不會保障任何工作（包括你的工作）：一項新技術（或疫情、不斷變化的喜好、各種其他影響力）就可能讓你的工作遭到淘汰。但是，政府確實保證，如果生計受到損害，政府會保障你的福祉，運用稅收補貼收入，培訓你做新的工作。[86]

暫停一下，想想瑞典政策的意義。失業向來不容易面對，尤其是在發生劇烈變動、充滿不確定的時候。大腦可能會進入危機模式：努力發揮創造力，拒絕承認事實，甚至完全當機。你失去了專業的身分認同（下一章將討論這一點），連帶失去了舊腳本的一部分。

然而，如果你知道，雖然無法透過期望中的升遷獲得「更多」威望，或因為資歷最深而獲得「更多」收入，但是你的威望和收入還是足以讓你繼續前進，那麼大腦就可以擺脫失去的陰霾，專注在即將發生的事情上。

這本書不是要討論公共政策，但是「明白所需」的政策影響力非常顯著，會左右國家的生產力、未來準備、組織文化、社會穩定、個人與群體福祉。如果國家缺乏勞動力政策或政策僵化，也難怪人們會害怕自動化。如果基本收入保障、負擔得起的醫療、符合未來發展的職業培訓等等都付之闕如，人即使做好每一件該做的事，也很容易擔心自己會落入「有所欠缺」的窘境。

以「明白所需」來領導

討論進行到這裡，現在應該出現一、兩個關於領導力的問題了。你身為領導人、探求者，是否想知道在「明白所需」的世界，領導該是什麼樣子？

前言中提到，舊腳本對領導的定義很狹隘，但在變動型思維和新腳本下，領導有了更廣闊的嶄新意義，尤其是因為在瞬息萬變的世界，偉大領袖的要件會逐漸改變。

從「明白所需」出發的領導，和自稱領導大師、緊守舊腳本的人所說的領導截然不同。這項變動超能力不僅會瓦解階級制度，提倡多元、公平、包容，也能促進負責任的領導，有助延長組織壽命，提升永續性與信任。另外，還有些意想不到的地方。

讓我們從之前的「信任」講起。回到第四章所說，在公司和社會中，不平等越嚴重，不信任也就越嚴重。如果你是領袖，而且薪水遠高於同事，那麼很不幸，你已經建立了不信任的文化，並且與「明白所需」越走越遠。

先問問自己，然後再問問同事：你比較信任薪水接近同事的執行長，還是薪水高得多的執行長？為什麼？

接下來，想想你會留下什麼。你希望別人怎麼記得你？你做事的原因何在？

你的「所需」特色

為了激盪創意，請回答下面的問題，不要思考太久：

- 你想要有一艘船，還是結交一位有船的朋友？
- 如果你有「符合所需」的時間，你會做什麼？
- 送禮物給別人，對你來說是失去還是獲得？

- 東西太多你怎麼處理？
- 誰是「明白所需」的代表人物？對方有哪些特質讓你這麼想？

根據現有的舊腳本領導，你的答案可能以「越多越好」來衡量：盡量增加利潤、創立更大的公司、住更大的房子、造一艘大遊艇。但這樣的領導會嚴重脫節。

根據新腳本和變動型思維來領導，你會注重給予每個人充分的報酬、讓每個人都感到安全和受到重視，把人當同輩而不是下屬來對待。回到你想留下什麼的問題。**你離開時，別人不會記得你擁有多少。他們會記得你是怎麼對待他們的。**

二〇一八年，有遠見的建築師凱文・卡文諾（Kevin Cavenaugh）在TEDx以「多少才夠？」為題做了一場演講。[87]他指出，米爾頓・傅利曼（Milton Friedman）在一九七六年獲得諾貝爾經濟學獎，獲獎原因之一是他信奉「貪婪有理」的觀念。然而，卡文諾提到，如果當時擁戴貝塔觀點（「貪婪比所需多一點」）的領袖贏得諾貝爾獎，且過去四十多年來發展的經濟體不僅重視技術和創新，也注重知足共富，社會將如何發展？

四十年後，我們目睹了目光短淺的後果。在追求成長、利潤、效率、「越多越好」的過程中，對於短視近利如何影響關係、造成不公平、不平等，我們一直視而不見（或乾脆別過頭去）。雖然行銷部門忙個不停、獲利數字符合預期，但消費者（更確切來說：人類）已經慘遭賣空。

卡文諾是這樣說的：「房地產開發商的租賃方式中，有一種是盡可能從每一吋空間盡量榨錢，我稱這種房子是『貪婪的建築』。另一種方式是盡量讓每個人都有房子住，建造人喜歡居住、能滿足所需，又負擔得起的漂亮房子。我想流傳下來的是這種建築。」[88]

卡文諾並非不在意金錢或獲利，其實恰恰相反，但他從「所需」的角度看待事情，造就了巨大的不同。

根據卡文諾和我自己的經驗，**如果不談「所需」，就等於放棄價值（也代表放棄金錢）**。

原因是，討論「更多」時，話題往往集中在交易上：怎麼做更多筆交易、靠人際交流獲利、賺更多錢。時間框架很短：越快賺到錢，越快可以拿錢走人。在這個世界，人是消費者，只是用來賺錢的手段。除了付款能力，沒有人真正關心他們過得好不好。

另一方面，討論「所需」時，關係是話題的核心：如何培養終身的友誼，建立永續、以人為本的企業，照顧地球。時間框架很長：討論的話題是終身領導、典範長存，以人性為核心。

以舊腳本和「越多越好」的心態來領導，會把關係視為一場交易。把關係當成賺錢工具，會徹底毀了關係（最低限度會讓關係失去意義）。

以「所需」來領導，代表培養關係重於一切：不是為了錢，而是為了關係本身往往難以計算的價值。

交易一旦完成便被拋在腦後，關係卻可以長久流傳。你希望別人怎麼記得你？

「越多越好」的經濟學

要徹底評估資本主義、消費主義、現代大眾行銷對人類行為的影響，本身就可以寫一套書。本書志不在此，但我們可以快速審視一下經濟發展道路，找出可以引領我們走向「明白所需」的重要里程碑。

你知道在幾千年前，「economy」（經濟）這個字的字根與產業或每季收入沒有關係嗎？它的字根是希臘文的「oikos」，意思是「家」或「家庭」。希臘文的「oikonomia」是富足的意思。[89]

接下來，快轉到接近一九八〇年代，當時公司普遍會和工人分享獲利。那時，一般的店員或工廠工人都有穩定的工作和退休金。當然，不同國家、文化、大小公司會有不同狀況，但對已開發國家整體而言，這是普遍的做法。讓工人有充分收入，可以在今天讓家庭溫飽、可以對未來有所規劃，這樣的企業被認為是精打細算、負責任的企業。

然而，自一九八〇年代以降，這種模式走偏了。一九八〇年代，為了提升效率、生產力、獲利，展開了削減成本、外包、自動化的時代。腳本從確保所有工人有充分的收入，轉變為只要投資人和市場分析師看到每季有「充分」的報酬，誰管其他人收入是否符合所需？

這種方式重新構建舊腳本，造成令人震驚和不安的影響。

自一九八〇年代以降，與一般工人分享獲利這種做法幾乎消失，大公司更是如此。矛盾的是，正是從這個時代起，公司開始與管理高層分享獲利。[90]儘管是考慮員工整體福祉的公司，分給員工的也只是過去的一點皮毛。從那時起，企業界就投身「越多越好」的浪潮，再也不回頭。

時間再快轉到今天，兩千一百五十三位億萬富翁的財富比世界四十六億人口中百分之六十的財富總和還要多。世界上二十二位最富有的男性，擁有的財富比非洲所有女性加總還要多。[91]為了追求更多，全球已出現瘋狂的不平等。

但不平等不只是在全球發展方面，也潛藏在每個國家、城市、街坊、後院，伴隨著無數令人不安的漣漪效應。

正如我們在第四章看到的，不平等會滋生不信任。此外，系統性不平等讓「越多越好」的心態看來正常，同時讓「缺乏所需」的人變得看不見。這種不平衡會膨脹到社會瀕臨崩潰——很多人認為現在差不多就是爆發的時間了。

但必須澄清，資本主義並非天生就有缺陷；以負責任的態度發展資本主義，能發揮強大的效用。我們的挑戰在於，舊腳本所描述的資本主義是種有毒的資本主義，對更多上癮，對剛剛好過敏。

舊腳本讓你的眼睛盯著螢幕，把你的錢包掏空。它催促你買更多，消費更多，而且不論你擁有再多，依然永遠都不夠。

但是，等一下，這個腳本是誰寫的？你真的相信嗎？你傾聽過自己的心聲嗎？

多年來，我也理所當然地相信舊腳本，學校就是這樣教的，我在哈佛的資本市場課堂上學到後從沒懷疑過。但是我想將這種做法應用到現實世界時，卻失敗了。它和我在國內及世界各地觀察、經歷過的事物互相衝突。

誠然，風險投資人仍然一心想要提升財務報酬，律師繼續尋找節稅結構，而受人尊敬的經濟學家看到「去成長」的可能性都嚇得不輕。但是恕我冒昧，這些利害關係人討論的都是一部殘破、過時的腳本。

同時，我親眼目睹了二十五到一百美元的資金就可以在印度的某些地區（和其他新興經濟體）創辦微型企業；有效的汽車共享方案讓一輛車可以載好幾個人去不同地方；左鄰右舍如果願意分享衣物與食品，可以滿足整個社區的需求。像「甜甜圈經濟學」*這樣的概念更進一步推廣這些想法，從整個社會長遠來看如何全面達成永續發展，指引出務實可行的未來方向。[92]

「越多越好」的經濟學無法提升我們的處境，但當今社會大多數人都受到自身的期望與舊腳本所束縛。然而，如果運用「oikos」的概念，編寫新的腳本，我們就可以獲得真正的富足，從「明白所需」中獲益。

「越多越好」的心理學

暢銷書《動機，單純的力量》（*Drive: The Surprising Truth about What Motivates Us*）作者丹尼爾・品克（Daniel Pink）曾近身觀察和研究「越多越好」的心理學。他的發現很有啟發性。[93]大多數人做事是出於自主性、掌控感與達成目標的動機。人們喜歡自主行動、追求改進、做正確的事情，而越是能達到這些結果，他們越有動機去做。大多數人不會為更多的錢做事。做事必須有充分的報酬，但再往上加價的幫助則是微乎其微。

然而，想想我們如何訂立薪資福利制度與工作表現指標。我們誇耀自己能賺更多的錢，但很少認為自主行動或金錢以外的報酬比薪水更重要。

不只是薪水，我們還沉迷於成功。如同第一章提到的，焦慮讓我們跑得更快；承擔越多，就越難放手。我們追求更多：更多地位、更多財富、更多的確定感。諷刺的是，我們看起來越成功，就越擔心自己擁有的夠不夠。

然而這是個永無止盡的目標，可以歸咎給「享樂跑步機」。[94]踩著享樂跑步機（這台機器就立在倉鼠滾輪旁邊）會從成功中獲得滿足，但滿足感消失得很快，就像吸毒的快感一樣。為了不要落後、避免陷入「有所欠缺」的失落感，我不能停下腳步，必須往下一個獎勵奔去，甚至工作過度、犧牲自己的幸福，只為了維持成功的感覺。

正如投資專家、財經作家摩根・豪斯（Morgan Housel）所說：「所謂明白所需，就是了解反其道而行——永不饜足地追求欲望——最終會讓你後悔莫及。」[95]

想想你上一次為自己的成就覺得非常自豪是什麼時候。這種感覺持續了多久？在你認真坐下來思考前，最奇怪的是，人即使已經非常功成名就，也會嫉妒比自己更成功的人。為什麼？因為「更多」是和參考團體中其他人比較後的結果，無論這個團體是百萬富翁、老師，或全職父母。[96]換句話說，追求更多沒有用，你永遠到不了目的地，因

* Doughnut Economics，是由英國經濟學家凱特・拉沃斯（Kate Raworth）在二〇一七年提出的理論，主張成功的經濟體應是塑造所有人都能平等舒適生活的環境，而非一味認定GDP為一個國家整體經濟成長的唯一標準，人們應重新審視經濟發展的目標。

為目的地會一而再、再而三地改變。

直到你病入膏肓，發現自己落入金錢打造的枷鎖，臨終前才發現，追求更多不是生命的意義，也不會賦予生命意義。表面上生活似乎很充實，但內心精神卻是一貧如洗。你想知道，這些到底有什麼意義？

指標與價值

指標衡量我們重視的價值。我們花時間在哪裡，表示我們重視什麼。

- 這兩種人你欣賞誰：投入時間讓自己功成名就，或投入時間幫別人達成夢想？你的時間都投入在哪方面？
- 這兩種指標你重視哪一個：花時間的方式，或花錢的方式？
- 你看重什麼？這反映出你什麼價值觀？

世局擾攘之際，某方面來說更容易提出這個問題。當你如此叩問，就能直接朝變動型思維邁進。明白所需，表示內心將澄澈清晰。有了這種超能力，揶揄你有所欠缺的嘲笑會散去，你會發現擁有的早已夠你滿足自己。

從「越多越好」到「明白所需」

隨著你放棄舊腳本，並反思目前的現實情況，新的腳本逐漸浮現，裡頭寫著：

- 「過」與「不足」的區別很大。
- 擁有的是否符合所需，取決於你認為世界是豐饒或是貧瘠。
- 即使想適可而止，現在的社會體制卻逼得我們不得不追求更多。
- 當今社會用物質來取代所需的方式很危險。越想花錢買到關愛與滿足，越容易覺得孤單和不滿足。
- 為了消弭不平等，並滿足收入、食物、住房、健康等基本保障，人人應該明白所需。
- 關愛、同理心、仁慈永不嫌多。

採取變動型思維，就會欣然接受這個腳本。當世局擾攘，無人可以預測明天，如果你明白所需，就已準備好迎接變動了。

現在一起來探討幾個容易掌握的方法，來實踐這個目標。夠好，就很好！

減法才能加分

越多越好的心態有個問題，就是會在不知不覺間，讓人不僅渴望成功，還逐漸認為生命中的一切都會因為得到更多而改善。新朋友、新車、新任務、新房子、新衣服、新玩具、新遊歷、新見解——這些應該都會讓我們的生活更美好、更快樂、更充實，對嗎？大錯特錯。

新想法、新關係、新髮型無疑可以提振情緒，甚至改變生活。但是每一項新事物都會讓你付出更多心力，耗費有限的時間。

與其追求更多新事物，何不減少無謂的物品，追求「符合所需」呢？

割捨的方法多到數不清，可以從小地方做起，例如：

- 退訂一份電子報。

- 刪除手機裡的一個應用程式。
- 溫和地結束一段負面關係。
- 優雅地拒絕邀請。
- 取消一項訂閱服務。
- 不再因為義務而覺得內疚。
- 每週開會的時間減少一天。
- 賣掉你十年都沒用過的健身車（或其他器材）。
- 把你好幾年都沒穿過的一件衣服捐出去。
- 放棄已經沒感覺的嗜好，或退出已經不喜歡的社團或俱樂部。
- 關上電視，消除背景噪音。
- 不再裝滿杯子，把杯子倒空。
- 擺脫阻礙你前進的心態。
- 累了就休息。

減法不但簡化了生活，還創造了時間、空間、心力，用來集中在真正重要的事情上。

到頭來，減法反而增加了你實現夢想與成功的機會。

給予

慷慨是大方付出的精神，表示你了解付出的快樂。真正的慷慨不是打算盤：它不追求回報。

在舊腳本中，追求「越多越好」的人認為慷慨表示「減少」。如果我的目標是擁有的比別人多，怎麼會白白把東西送人呢？

但正如我們所見，在不斷變化的世界中，這齣舊腳本會破滅。而運用變動型思維並從新腳本出發，慷慨就可以催化超能力。

亞當．格蘭特（Adam Grant）在他影響深遠的著作《給予》（*Give and Take*）中闡明了，最成功的人往往最慷慨，他們也知道在什麼時候、用什麼方法尋求幫助。[97]慷慨的領導者明白，最能影響世界的，不是盡所能追求自己的利益，而是盡所能付出自己的所有。付出越多，影響越深遠。

瑜珈與割捨

在瑜珈哲學中，「brahmacharya」這條戒律是指「克制」。[98]歷史上，實踐

「brahmacharya」必須禁欲（背後的想法是保存精氣，以求在瑜珈之道上有更高成就），但這種做法並沒有流傳至現代社會，如今「brahmacharya」的意思是在生活中秉持中庸之道。

當你屏除不屬於真實自我、阻礙你體會真實自我的一切，你就讓更多的真實自我融入生活。割捨掉假我，你便能徹底成為真我。

餽贈宴（potlatch）是加拿大原住民與北美其他原住民族的一種儀式，「potlatch」一字來自奇努克族混合語（Chinook Jargon），意思是「贈送」或「禮物」。[99]在餽贈宴中，族長會付出財富，透過將財物贈送給族人的方式來展現財富。這邊的饋贈可不是什麼象徵性的捐贈，或身家百萬但只捐出區區數千元，而是送出你賴以生存的一切。

這項制度讓所有家族都無法累積財富，可以增進人際關係、促進社會和諧。但更深入探討，從餽贈的角度來看，你付出越多——表現得越脆弱——你就越強大而受人尊敬。

對於照著舊腳本演出的人來說，餽贈宴似乎很荒謬。但根據開放的變動型思維與新腳本的觀點，餽贈宴代表難以言喻的智慧。這項傳統雖然古老，卻具有永恆的價值。

餽贈宴迫使我們重新思考對財富的看法。**財富不在於個人擁有多少，而是與社會分享**

多少；族長餽贈的物品不會因此失去價值，價值只是分布出去，最終還是會一次次地復返。

誤解「FIRE」的風險

近年來，「財務獨立、提早退休」（Financial Independence, Retire Early，FIRE）運動在全球各地都蔚為風潮，[100]人人節儉過日子、拚命儲蓄，只想早日擺脫倉鼠滾輪（以及通常很乏味的工作）。[101]

一方面，FIRE可以被視為對「明白所需」的極致追求，對「越多越好」的過敏反應。但另一方面，FIRE也因為對生活的意義與動機避而不談，而受到越來越多批評。[102]如果你以前就沒有人生目標，提早退休也不會帶來人生目標。事實上，提早退休反而會讓你更覺得有所欠缺（更別提若社會發生劇變，失去生計來源會讓你多麼焦慮不安）。如果FIRE可以讓人重新思考何謂所需，並努力拓展選擇，則可以促進變革，但也要小心風險：如果生活缺乏意義和動機，不管出發點再好，FIRE最後只會化為一道輕煙。

在動盪的年代，世界瞬息萬變，人與人之間更加相互依賴。我們需要彼此的支持、智慧、指導、陪伴，有時還需要可以靠著哭泣的肩膀。我們需要彼此的慷慨。

明白所需，表示你知道付出越多，其他人的生活會變得更好；如此一來，他們就更能對世界做出貢獻，他們對世界的貢獻越多，你的生活就會更加改善……如此循環不息。

你準備餽贈出什麼禮物？

快樂與滿足並不相同

歷史上與原住民文化中，描述人過得好，幾乎從不用「快樂」（happiness）這個詞，而是用不同語言中代表「滿足」（contentment）的詞來形容。為什麼？

首先想想什麼會讓你快樂。或許是因為見到關愛的人、天氣好、聽到好消息，這些事情往往受你無法控制的因素影響，例如外在環境或人事物。

再想想什麼讓你覺得滿足。（如果你覺得滿足等於快樂，或許代表你可以多了解一下。）滿足感完全來自於內心。

換句話說，「快樂」永遠無法控制，而且轉瞬即逝。剛感覺到快樂，快樂就消失了。（你想得出在什麼時間、地點、狀況下，快樂會永遠持續下去？我的直覺是不可能。）你只好重新追尋快樂，就這樣一再循環。也不是不該追求快樂，只是快樂終有盡頭。

另一方面，滿足完全可以由你控制。如果了解滿足感從何而來、如何控制，這種感覺更能延續下去。

「Contentment」的拉丁詞根「*contentus*」意思是「凝聚」或「包含在內」。一開始用來描述容器，後來也用於人。如果一個人覺得滿足，他本身就已經完滿、凝聚。也就是說，滿足是一種「無條件的圓滿」，不會因外在條件改變。[103]

注意「contentment」與「enough」的重疊之處。這兩個詞原本的意思都是內在的充分與滿足（本章一開始便說過「enough」的希臘詞根「enenkein」意思是「攜帶」）。明白所需，讓你與滿足更貼近一步，無須增一分，也不想減少一分。

不丹文化有個特別的詞來形容這種心境：「chokkshay」，翻譯過來就是「知足」。在不丹，「chokkshay」是人類幸福的最高境界：「這基本上表示，無論你外在正經歷什麼，此時此刻一切本身就已臻完美。」[104]

明白所需、滿足、chokkshay 都是新腳本的一部分，特別適合不斷變化的世界。當變化來襲，明白所需與滿足讓你站穩腳步，帶來踏實的感覺與基本的方向。兩者比快樂更容易達成也更容易維持，都由你自己決定，沒有其他人能改變。事實上，它們反映了你的核心本質，那最確切、完美、不停變化的自己。

脫掉英雄斗篷

舊腳本教導人（有意無意地）用物質財富代替安全感。覺得沒人愛？買件新毛衣。信心不足？做個整形手術吧。別人不看重你？開輛豪華轎車。就算每一樣都可能讓你負債累累也沒關係。它們是斗篷、是補丁，修補掩蓋你覺得有所欠缺的地方。

這些舊腳本的斗篷不僅侷限於外貌或擁有的物品，還延伸到你對外界展露出的形象。我第一次聽到「英雄斗篷」這個說法，是在格蘭諾・多爾（Glennon Doyle）了不起的TEDx 演說「精神病院的啟示」（Lessons from the Mental Hospital）[105]中。她講的不是新車、隆鼻，而是人類普遍經歷的不適與混亂，以及有多少人用英雄斗篷緊緊包裹著自己，隱藏真實的自我。我們呈現出的面貌並非真實自我，自誇卻覺得心虛。這些英雄斗篷無法釋放我們的潛力，實現超人的英雄事蹟，相反地卻埋藏、掩蓋了我們，隱匿了真實自我（與內心的聲音）。我一生大半時間也都穿著斗篷。

英雄斗篷讓人偽裝完美。

完美主義表示無法放下期望，也是明白所需（尤其是夠好，就很好）的大敵。

當你真正明白過來，就有能力脫去斗篷，擺脫完美主義，接納「夠好」。最教人驚奇的是，如此一來，你還會發現最佳的施力點，這個點介於盡力與完美之間。如果你已經盡力，但還是擔心成果不完美，沒關係，你是凡人，做得很好。把成果呈現出來，讓其他人幫忙改善。同心協力，就能有超水準的展現。

夠好，就很好

知足之足，常足矣。

——老子

說到底，「明白所需」基本上代表你知道此時此刻的自己已經夠好了。（你所需的和你本身都很重要。）變動型思維直觀地了解這一點。你買的東西不能代表你，也不會一直追求更多。價值來自內在本身。

如果你培養出其他變動超能力，尤其是看見無形的事物（第二章）與從信任開始（第四章）的超能力，要明白所需將變得非常容易。運用這些超能力，你可以看出世界很豐饒，並不貧瘠。你的變動型思維會透過這些變動超能力展露無遺。

明白所需，讓你更輕鬆地應對變化、面對不確定、迎接未來。你（和你的孩子）如果能從小開始，早點明白所需，並知道自我本身已經夠好，幫助會更大。幫助別人判斷、了解他們的所需，能推動社會更加生生不息、善良仁慈，並準備好迎接變動。

真希望我七歲時就明白這一切。

明白所需：思考練習

1. 「越多」真的「越好」嗎？為什麼？
2. 送禮物給別人，對你來說是失去還是獲得？
3. 你怎麼定義「所需」？你對自己和對別人的標準相同嗎？相同的話，為什麼？不同的話，又是為什麼？
4. 你如何定義自我價值？衡量的標準是什麼？
5. 誰是「明白所需」的代表人物？對方有哪些特質讓你這麼想？

第六章

打造多元職涯

不用做到最好，但要成為唯一。

——美國知名樂手與畫家傑瑞・賈西亞（Jerry Garcia）

將近三十年前高中畢業以來，我大約每四年就會遇到一次人生變動。我會滿規律地褪去一層皮，變得坐立難安，需要提升自己，準備長出新的根或是轉換方向。有時候變動十分重大，像是不再當律師，或是研究所輟學去當登山嚮導；有時候變動則較細微。總之，那就成為我校正自己的羅盤，替人生寫下新篇章的時候。

我二十歲多歲還年輕時，大家對這樣的行為沒有一句好話，說我的履歷沒意義，還預言我會沒有未來。當時我覺得自己有問題，竟然對那麼多事情有興趣，卻不願意專注在單一目標。大家都致力要在企業內部拚升遷，在自己專精領域闖出名堂，但我怎麼可能只專注在一個領域上？

時間快轉到今天，拓展職涯重心再也不奇怪，但要發展這種職涯所需的語言及基本建構仍然不足。綜觀全球，各地勞動政策與期許，依舊是以「工作」為基準單位，隱含的期望（往往也是目標）就是要一直替別人工作，不偏離這條路（起碼不是自願偏離）。世界上的工作型態與職涯模式雖然有很多種，多數人仍然依循這套腳本。

但這套老舊劇本要退場了，這種期許越來越跟不上現實腳步，日益如此。

我在過去幾年曾以未來工作為題發表多場專題演說，談到獨立工作者與自由工作者崛起、遠距工作與數位遊牧族增長、自動化的影響，以及這一切對教育與公共政策的意涵。新冠肺炎大流行清楚說明了，未來工作不是在未來，而是在當下。原本預期十年後才會出現遠距工作、「處處可辦公」的型態，卻在兩季之內迅速實現。同時，史無前例的失業現象讓數百萬人對未來迷茫，各級學校亂了方寸，沒有人知道未來該怎麼走。

專業人士的疑問是：對於我的職涯，這意味著什麼？

家長的疑問是：對於我的孩子，這意味著什麼？

組織領袖的疑問是：對於我們團隊、策略、文化與組織的未來，這究竟意味著什麼？

我猜，你心裡面應該也有相同疑問。舊腳本早已破爛不堪，只不過容易掩飾，直到全球傳染病這把火將它點燃，才頓時暴露出它有多麼不合時宜。現在每個人都必須為自己的職涯、生計與專業寫下新腳本，包括你、我與各行各業的人才。你也許早已開始擬定腳本，而秉持變動型思維，新腳本便能獲得應有的關注。

超能力：打造多元職涯

想在變動的世界獲得成功與滿足，就要把職涯看成是精選的多元組合，不要追尋單一路徑。

多次創業家羅蘋·蔡斯（Robin Chase）總結得好：「家父這輩子只有一個職涯，我一生將有六個職涯，我的孩子則在任何時刻都會有六個職涯。」

艾列克斯·柯爾（Alex Cole）在娛樂、行銷與顧問業分別工作十年後，於人生剛過半百之際開創最新事業，和老婆與女兒合開瑜珈工作室，最近才辦完成立十週年慶祝派對，正在思考下一步。

黛安·莫卡希（Diane Mulcahy）一年四季都在變動，既是金融高手、策略分析師、講師，也是作家，每季都會用心做不同安排，讓擁有美國、歐洲國籍的自己，在兩地度過一整年。

賓塔·布朗（Binta Brown）放棄繼續擔任《財富》雜誌百大公司法律顧問，成立自己的音樂經紀公司，同時也演奏薩克斯風，製作紀錄片。

仲間麻里在一家科學研究公司擔任專案經理與講師，同時也是健身教練，設計自有品牌服飾，並與伴侶共同經營陶藝工作室，從每份工作獲取不同養分。

曾任海洋保育教授的恩列克・瑟拉（Enric Sala），覺得自己老是在「替海洋生命寫訃聞」，便離開學界，全職從事保育工作，帶領研究團隊與各地政府攜手設置獨特的海洋保護區。

以上每個人的職涯都很多元，[106]並非線性發展，而是由一連串崎嶇、改變、轉向與跳躍所構成，有時是不得不如此，有時是被人推一把，往往更是因為自己有意這麼做，察覺到人生還有許多領域可以從事、可以學習、可以創造與嘗試，也勇於接受挑戰。

新的專業腳本不走單一路徑。從變動型思維來看，未來職涯更像是一種組合：專業身分會更多元，讓自己站得更穩，而且是量身訂做。

從實際面而言，多元職涯通常會：

- 分散收入來源，比起傳統工作更讓人有安全感。
- 讓人掌控自己的職涯。不像工作是別人給的，多元組合別人奪不走。
- 有助於拓展專業人脈。
- 讓人越來越感到自己做的事情有意義，而且有彈性。

・帶來獨特專業身分，讓人隨著世界變動與時俱進，大放異彩。
・讓人無法被自動化取代。

職涯多元不代表野心不足或沒有「一份真正的工作」。事實上，這種職涯模式正默默迅速成為最熱門的維持生計方式。

回首看我自己二十多歲時，雖然有興趣發展多元職涯，卻苦於表現的方式不多。所幸如今不再如此。

這也不再只是個人偏好的問題。眼見傳統工作、就業與職涯路徑腳本已經褪色，未來工作又不斷變動，**多元職涯將會是兼具韌性與主動的策略，能夠讓你在職涯發光發熱，而不會在遇到變動時找不到方向**。

多元組合到底是什麼？

談到多元組合，多數人會聯想到金融、商業或藝術：

・**投資人**以投資組合分散風險。按照傳統財務顧問的建議，投資組合應包含股票、債券與現金。

- **創投業者**會按照投資標的風險程度，安排投資組合。
- **企業主管**常以產品組合理論（源自一九七〇年波士頓諮詢顧問公司首創的產品組合矩陣）分析企業單位、策略與遠見。[107]這麼做的目的在於管理未來風險與報酬。
- **辦公室經理人與人資主管**會利用專案組合有效管理。
- 還有，**藝術家**會攤開作品集，展現自豪的作品，如同一幅人生畫布。

多元職涯結合這些不同意義，可以依序進行（一次從事單一角色或職業），也可以同時進行（一次從事多重角色與活動）。職涯多元的人在專業利基與生活方式上，往往會比單一職涯的人過得更完整、更個性化、更現代、適應力更強，也更為滿足。

「多元組合」（portfolio）一詞來自義大利文「portare」（攜帶）+「foglio」（紙張），換句話說，你會如何攜帶自己最重要的紙張？你的人生之書包含哪些內容？

以我為例，我從事的每一份專業工作都像是一張紙、一張草圖或一項投資，多元組合內容包含講者、未來學家、顧問、律師、登山嚮導、全球發展主管、投資者、瑜珈從業人員，不久之後還會納入作家身分。如今，多數工作都做超過四年，但每隔一段時間還是會按捺不住要提升自我。

重要的是，一個人的多元組合除了專業工作身分，還包括通常不會放在履歷上、卻是讓你如此獨特的種種能力。例如我身為孤兒、全球旅行者、倒立上癮者[108]及心理健康倡議人士的身分，也都構成我的多元組合。

職涯多元的人都很懂得技能培養與應變。當年擔任登山與單車嚮導時，有人取笑我沒有認真看待職涯，卻不知道嚮導一天往往要工作十八小時，要起得比別人早，比別人晚睡，每天都在學習專案管理，因應各種狀況，確保收支平衡，組織團隊，確保安全，創造小驚喜，建立一輩子友誼，還要讓所有人玩得盡興。嚮導工作就像是在荒野道路上進修小型實用企管碩士課程，這是一般課堂上難以複製的。

嚴格來說，職涯多元發展不是「要你自己當老闆」，儘管開創多元組合會賦予你這麼做的能力，但多元組合應該要包含你做過的每一份工作，受僱的工作也好，討厭的工作也好，遵循舊腳本的工作也好。（這些類型也都在我的組合裡面，就算是討厭的工作，也有不少收穫。）多元組合就像是容器，能混裝你不論在哪裡或如何取得的所有技能與能力。

以前批評我的履歷「不同尋常」的人，多年後又遇到我。記得那天他們說的話有了一百八十度大轉變：「現在想想，我們錯怪妳了，要怎麼做才能跟妳一樣？」

從單一路徑改為多元組合

二十世紀多數時候的職涯路徑典範，就像是一把梯子、一座手扶梯，甚至是一枝箭。舊腳本深入人心，訊息也很清楚：大家順著梯子一節一節向上爬，透過一次又一次的升遷朝頂端目標邁進。箭會飛得遠又直，手扶梯會持續移動，一切順利的話，你的未來會是命中注定，射中的位置不會離家庭、社會與其他外在標準替你畫好的紅心太遠。

這種梯子或手扶梯要能夠順利運作，必須靠許多人相信自己爬得上去，於是這個社會的職涯發展觀念變得線性，差不多像是以下模式：

- 用功讀書，取得好成績。
- 上大學或職業學校，專攻好找工作的學科領域或行業。
- 找工作。
- 長時間認真工作。
- 升遷。
- 退休。

這種線性思維長久以來沒什麼問題，職缺夠多，等著人來做的工作也很多。大部分上班族每天都固定時間到相同辦公室或地方辦公，照著腳本走，不偏離路徑。一旦偏離職涯路徑，多數都不在意料之中，轉換職涯通常被視為不幸，履歷上若有奇怪曲折，會被視為包袱。企業升遷梯子穩如泰山，應允登頂者享有角落辦公室、響亮職稱與威望。

一旦沿著路徑線性發展，人變成要靠工作定義自我，個人價值感被綁在自己所處的梯子位階。找到工作後，開始努力求升遷，卻不會思考梯子搖搖欲墜或斷裂的後果，也不會思考萬一哪一天不再想爬上去時，會發生什麼事。

可是最近這幾年，梯子確實鬆動了，舊腳本也分崩離析。且看疫情發生前的相關數據：

- 二〇〇八年以來，美國境內新工作的淨增加，有九四%不是全職性質。[109]
- 剛畢業的大學生有四三%從事的工作不需大學學歷，其中又有將近三分之二的人大學畢業五年後仍然學非所用。[110]
- 比起其他勞動人口，獨立工作者與自由工作者——即沒有單一「工作」或不隸屬專業單位者——的增長速度快了三倍。二〇一七年，四七%的千禧世代早已屬於自由工作者。[111]到了二〇一九年，美國全體勞動人口中有三五%為自由工作者（其中有五三%的Z

世代是自由工作者）。[112]預計到二〇二七年，自由工作者人數將超越受僱員工。別忘了，自由工作者包括想更有彈性的名校畢業公司高層，以及為了生計奔波的低技術性質勞工。

- 七七％的全職自由工作者表示，比起待在傳統職場，自由工作更能取得工作生活平衡。[113]所有全職工作者中，八六％（剛入行的自由工作者則是九〇％）認為自由工作將會迎來榮景。[114]
- 職場越來越難升遷到頂，也越來越多人意識到自己志不在此。

儘管以上是美國的數據，其所代表的趨勢卻是全球性的。許多國家的自由工作者增長率確實沒那麼高，但整體增長軌跡卻很類似。

造成前述變化的原因包括企業行動、個人覺醒與科技創新，有推力，也有拉力：

- **企業追求降低成本、增加利潤與提升效率**。整體而言，全職員工比獨立工作者更昂貴，也比較缺乏彈性。
- **個人開始覺醒，認知到現代企業體系基本上是建立在利潤，而非建立在人類幸福上**。上班族受夠過勞、工作至上、爛工作[115]或自己的價值遭到貶低，希望在起床到入睡的這段期間能夠過得有意義、過得值得。加上人類壽命越來越長，有才華的人能夠比以前的人工作更久，往往也想要如此，或不得不如此。

．**科技加速這種變化**，讓求才、賺取收入、開創品牌，以及利用自動化取代人類工作變得更加容易。

此外，疫情大流行這個因素，也加速促成這些變化。[116] 失業慘況已經是前所未見，企業卻加速推動自動化，因為機器不會生病，也不會抗爭。然而自動化會給人類帶來何種影響，我們卻缺乏完整的理解。未來工作策略分析家希瑟．麥克高溫（Heather McGowan）便說：「該到的總是會到，不管是到哪裡。而且需要的人會越少。」不論需要的是藍領勞工、白領專業人士、畢業生或員工，人數都會變少。

但請等一等：

．如果今天還存在的工作，明天就消失，如何避免一直反覆出現的失業狀態？

．向來靠專業身分定義自我的你，如何在遭遇職涯變動或失去工作時，不會陷入身分認同危機？

．萬一你的孩子詢問該讀哪個科系或要如何「找工作」，讀完本章內容的你，會如何回應？

以上所有問題的部分答案就是多元職涯，那是讓你與孩子擁有不論在當下、明日與未來職場，都能大放異彩的超能力。

重新定義自己的職業身分，以因應變動不居的世界

數百年來，一個人的一生模樣取決於職業，如商人、農民、護理師、軍人、僧侶或學者。職業體現出人生腳本，以至於許多人的姓氏取自工作內容，像是庫柏（cooper，修桶匠）、米勒（Miller，磨坊主）、索爾（Sawyer，鋸木匠）及史密斯（Smith，鐵匠）。

近年來，趨勢已從「I型人」（專精單一領域）進展到「T型人」（接觸面廣，專業也有深度）、「π型人」（不只專精單一領域），甚至「X型人」（兼具廣度、深度與多元，也有能力跨入新領域）。[117]變動不居的世界適合π型人與X型人生存。你也許已經察覺到這種變化，或者早已在運用「π型思維」，只不過不知其名，不少人其實也和你一樣。這是一種很能賦權與賦能的轉變。

未來職場將是流動的，不會固定不變。同樣地，你的職涯也會是流動的，不會是一條既定路徑，不須再按照別人給予或被別人取走的舊腳本操課。是時候讓新腳本及量身訂做的獨特專業職涯組合登場了。

打造多元組合

鑒於工作、就業、職業發展及未來職場變動不斷，多元組合職涯比較可能成功。但新腳本該怎麼寫？到底什麼樣的身分，才適合未來的模樣？

發展多元職涯要經歷兩個階段：開創與精選。讓我們逐一檢視。

步驟一：自己有哪些本事？

首先，你的職涯已經很多元，無論你有沒有察覺，只是你不一定有策略。可以透過以下習題踏出第一步。雖然花時間，但很值得。

拿一張紙（或在Google文件開啟一個新頁面），在上面寫下：

- 做過的工作，不論是否有酬勞。
- 對別人有幫助的技能。
- 比別人熟悉的主題領域。
- 你自認具備哪些超能力。

- 別人認為你具備哪些超能力（自己明明有超能力，卻渾然不知！）。
- 過去六個月學到的新技能。
- 列在履歷或領英（LinkedIn）上、自己也樂在其中的能力或活動，不論是否與「工作」有關。
- 不在履歷上，卻成就現在的你的能力、技能或經歷。

列出清單後先擺一邊，想一想，隔天再繼續寫。範圍要廣，是不是每一種技能都寫到了，包括沒有酬勞的？有沒有漏掉哪個領域，像是舊腳本所謂「專業領域」以外的領域？

有人將自己的多元組合比喻為便當盒，各種技能整齊擺放；有人則比喻為攀爬架，而非梯子。我喜歡把它比喻為一朵花，每當過幾年學到新技能，或跨到可以運用原有技能的新領域或相近領域時（稍後會深入說明），便會長出新花瓣。假以時日，職涯這朵花會長得更大、更豔麗、更有意思，也更有價值。如此周而復始，扎根於過去的養分，持續演進。

步驟二：成為唯一

整理好你的多元組合後，樂趣正式登場。以下步驟結合個人存在意義（生き甲斐）、專業柔術與風險管理，讓你的未來不會被自動化取代。你要擘劃出自己的獨特職涯景致與眼界。

「生き甲斐」在日文中的意思是「存在意義」，也可理解為人生目標、人生意義或人生價值，[118]是人早晨起床的理由，也是你的最大使命。你有只屬於自己的存在意義。

生存意義往往是以下四個圓圈的交集：

- 你所擅長。
- 你所熱愛。
- 世界所需。
- 可獲得酬勞。

多元職涯與零工經濟的比較

多元職涯不等於零工經濟，不過「零工」可以成為組合的一部分。談到零工，總讓人聯想到眾人在平台爭搶短期零工、成本廝殺的畫面（例如 Instacart、Grubhub 或 Fiverr 等平台）。多元職涯完全不是這麼一回事。

多元職涯是要以各種技能與能力精心創造組合，讓組合隨著時間演進成長。組合的一部分有可能是零工經濟定義下的零工，但重點在於刻意精選技能、服務與機會，以便職涯有彈性及前瞻性。

你的多元組合就是厲害在這裡，畢竟沒有兩個人的生存意義是相同的，因為每個人都不同！

以多元組合看待自己職涯的人，會努力思考這個世界真正需要什麼，對照自己所擁有且樂在其中的技能，化為能夠與時俱進的商業模式。重點不在爬到梯子「頂端」、抵達路徑終點，或達到特定薪資，而在於持續滿足自我，以喜樂之心貢獻世界。

回顧賈西亞那句話：不用做到最好，但要成為唯一。什麼是你獨一無二之處？「**唯**

一」的關鍵不在技能，而是技能、能力、興趣與夢想所構成的獨特組合。這才是專屬於你的新腳本。

譬如，也許你是律師、喜歡歷史與烹飪，週末會騎乘長途單車。世界上一定有更精明的律師、更有學問的歷史學者、更愛冒險的廚師及騎得更快的單車好手。但有誰除了當旅行社法律顧問，也會帶單車團走全球美食美酒與歷史行程？除了你以外，應該找不到第二個人。

熱情：不是必須，但最好擁有

熱情的定位常引發爭論。有人認為做喜歡的事賺不到錢，有人不想靠做喜歡的事賺錢，因為一旦快樂的來源與金錢掛勾，把熱情變成職業，就可能讓快樂變質。「熱情經濟」會讓原本你喜歡做的事，變成你不得不做的事。

儘管如此，曉得自己真正熱情所在極為可貴。艱困時刻印證了，有熱情會更有助於克服任何事。缺少熱情，情況可能會很嚴酷。

沒有熱情也沒關係。留意讓你好奇的事，跟著不斷走下去，注意會出現什麼。跟著火花就對了。

如果有熱情，就要滋養它，和其他人分享，畢竟熱情得來不易。

也許你是會照顧年邁父母的財經迷，喜歡攝影及物理學。或者你是個喜歡蘭花、伯恩山犬，也會教年輕人學寫程式的工程師。（越具體越好，儘管不見得有完美配對，至少更容易界定出你的「獨特性」。）

重點在於，你的生存意義很獨特，可以做各式各樣的發揮，每一種發揮都精彩可期。多元職涯不是一件事做了幾年之後，等到撞牆才思考下一步，而是包含多重可能、組合與機會。

步驟三：跨域應用

職涯多元的人很少會待在同一領域，而是會跨域應用，將有用的技能或專長套用到其他機會，而且往往是在很出人意料的領域。你會轉換各種難題、職務、團隊與產業，引導自己發現新洞見。過程中將創造出新價值，除了幫助他人提升自我，也會啟發對方寫下自己的新腳本。

舊腳本要你找一份工作，別人說什麼，就做什麼。
新腳本要你開創角色組合，做別人從未想過要做的事。
舊腳本認為讀法律系的人就該當律師。
新腳本認為法律學位既厲害，又最具可塑性，會激發人的創意，要好好多加利用。
以我為例，很多同仁不知道我是律師，得知我是律師後，不可置信地說：「妳根本不像是一般律師！」我很早就掌握到法律訓練提供的宏觀潛能，就算十多年沒有執業了，幾乎每天仍會運用相關技能，算是最有用的跨域本領。
回到蔡斯的例子，你的職涯很有可能不只六個，甚至會同步進展。所以也要在自己的組合內跨域應用。
每次跨域應用便是在一路累積融會新知識，讓羅盤定位更精準，根部更穩。做得好的話，將扶搖直上，凡所觸及之事，樣樣都能有進步。你會提供各自為政的部門亟需的洞見，也會讓別人不僅見林、見樹，還會看到林以外的世界。你會提醒對方，進步之路不在這片樹林，而在樹林之間，空間就在眼前，只是人往往不察。
跨域應用若要發揮效果，就必須了解舊腳本，去建設性地改變思維，不再抗拒多元組合。抗拒往往是出於恐懼，缺乏認識，或兩者都是。按照舊腳本與思維工作的人，遇到多元職涯往往會百般困惑，以為每一步都要從頭開始，會擺出「幹嘛要那樣做?!」的態度。

開啟變動型思維、也開始寫新腳本的人，則會將多元職涯當作演進過程，每一步都是配合演變中的自我，向前進步、向上疊加、對外擴充與探險，會抱著「來幹活吧！」的熱情態度。

步驟四：重新定義自己的身分

接納自己的多元組合後，就準備好採取這一步。

接納多元職涯的意思是，不會再拘泥於任何有關自我的單一身分、故事或敘事。有了變動型思維及多元組合職涯，你就再也不會靠自己在做「什麼」來定義自己，也不會被頭銜、特定薪資或角落辦公室給定義。沒有一個職業定義得了你。你的確是有許多技能沒有錯，但不會受到這些技能的限制，反而可以駕馭所有能力，重新設想如何以新型態組合起來並對外提供，開創新價值的同時，也開啟新的一扇門。

多元組合代表你的根基，它就是你的新腳本與未來基礎，也是一種適合你且不斷演進的身分。

步驟五：持續精選，永不停歇

充分建立多元組合後，就可以切換成精選模式。只要還會呼吸，還會思考，就要持續寫腳本，讓職涯持續進展，永續長青。精選組合可以幾種不同型態呈現，有投資人、企業主管、經理人或藝術家，端看哪一種最能引起你的共鳴：

- 投資人：重新平衡組合。
- 企業主管：讓組合跟上時代。
- 經理人：組織並升級組合。
- 藝術家：更新並擴充組合。

「你從事什麼工作？」的問候演進

人與人初次見面，往往會先問對方「從事什麼工作？」（深植於舊腳本）。我們也會問孩子長大之後想做什麼。當然，用意是探詢對方的目標、價值與夢想。用意固然良好，只不過世界變動如此快速，問這種問題還有意義嗎？萬一我的工作被機器人取代，彈指之間便抹除我的專業身分，這時我又是「從事」什麼工作呢？

基本上，「你從事什麼工作？」是不對的問法，比較好的問法是：「什麼事情會激勵你、會讓你有所啟發？」但最好的問法，是去了解對方的獨特腳本，是什麼讓他在變動不居的世界成為今天的模樣。

所幸有許多不同問法可以供你參考，謹舉幾個我偏好的例子。你有其他要補充的嗎？

- 今天你怎麼會來到這邊？
- 人生中最受到誰的啟發？
- 你最感謝的事情是什麼？
- 你最自豪的事情是什麼？
- 你遇過最棒的老師是誰？
- 若要邀請六個人前來私人晚餐聚會，不限是否仍在世，你會邀請誰？
- 你會如何形容自己內心的羅盤？
- 你的生存意義是什麼？
- 什麼問題是你希望多一點人問你的？

精選組合的重點在於，只要你主動去照料組合，它就會映照出你的成長。經過精選的多元職涯，會帶來無以倫比的彈性、穩定、持久與意義，以因應不斷變動的世界及未來職場。

多元職涯與未來教育：迎接終身學習

大學持續信誓旦旦，說會「幫畢業生找到工作」。然而事實告訴我們，近期畢業的大學生中，四三%的人從事的工作不需要大學學歷，將近三分之二的人畢業五年後，依然學非所用。這又算是什麼承諾？

大學職涯發展中心仍然將重點放在吸引僱主到校園徵才，但事實顯示，超過一半的千禧世代是獨立工作者（不是領薪水的受僱者）。比起過去，越來越多青年世代會自己當老闆。職涯發展中心諮詢顧問為何仍守著舊腳本不放？顯然教育單位不知道未來職場樣態。即便知道，也沒有放在心上。

許多大學及商學院確實有開設創業課程，但對許多學生的職涯旅程沒有實際幫助，既沒有專門服務協助學生自己開業，也遲遲沒有掌握多元職涯的（超級）力量。

如果你是青年人或為人父母，這可是一則嚴重的教育前景警訊，更要認真看待本章內容。

多元職涯不限年齡層都可適用，越早透過變動型思維來開創，會對所有人越有利，包括在校生、畢業生、家庭、職場與整體社會。

無國界多元組合

多元職涯的精選不只涉及做什麼與如何做，在哪裡做會成功也很重要。

近年來，有些國家已經在檢討如何替多元職涯人士創造更友善的環境。二〇一四年愛沙尼亞（歐盟成員國）便推出數位居民制度（e-Residency），這是一種可靠的數位身分，能讓你以愛沙尼亞人的身分在全球做生意，而且不看你的實際所在地。儘管這不是護照，也不是簽證，但該國數位居民人數增長率至今已遠遠超過出生率。我從二〇一五年起便成為數位居民，這是很不錯的計畫。[119]

最近愛沙尼亞與歐洲、拉丁美洲、加勒比海地區、亞洲與非洲幾個國家（最新統計至少有二十四國）更是推出數位游牧簽證（DNV）。這種簽證可以讓外國人在境內生活工作長達十二個月（少數更達兩年）。過去人們只有兩種選擇，要麼以遊客身分入境，停留最多九十天，或者申請永久居留。觀光簽證很麻煩，每九十天必須出境，並不方便，從政策制定者的觀點來看，也存在灰色地帶。至於永久居留，並不是多數人的目標。

數位游牧簽證讓移居變得極為輕鬆，可以讓多元職涯放眼全球，邊走邊調適並擴展。

若你現年二十歲，還沒開始在線上創業實在說不過去，這就是你的第一個多元組合。（若你是三十歲，更應該這麼做。五十歲也一樣。假如你的孩子二十歲，請一起和他採取行動。）

重點是，創業再簡單也不過，既便宜又很合理，又不是要你割捨專業職涯，只是要你學習科技與品牌基礎知識，培養生意頭腦。育幼服務也好，客製化短袖上衣也好，Z世代才能分享也好，任何你熱愛與人分享的事物都好，你從創業學到的經驗，幾乎會比從正式課程中學到的還要多。要做中學！這些經驗也會替你開啟其他機會，成為多元組合的一部分，你也可以在一路上不斷升級、再創或結合其他經歷。

多元職涯不只會改變你看待職涯的方式，更會改變你對學習與成長的看法。呼應麥克高溫的話：「工作的未來就是學習，學習的未來就是工作。」以及「學習是新型養老金，讓你每天為自己的未來創造價值[120]。」這兩句話用來形容多元職涯再貼切不過。世界與職場如此持續變動，**你不可以停下學習的腳步。永遠不行**。

有別於舊腳本的經典問題是問：「你從事什麼工作？」最能代表新腳本的問題，則是問：「你在學什麼？」

學習單一專門學科並一輩子從事相關工作的時代已經過去。變化實在太快，就算是待在相同產業，也很有可能在一個世代內就遇到變革。自認為不會被變化波及的人，屆時將會被重重打醒。

多元職涯會讓你準備好面對變動不居的未來職場，靠著獨特的技能組合，也就是多元組合，去減少自己職業被淘汰的風險，讓路能夠更加寬廣。你可以同時當通才及專家，也知道該在什麼情況下當哪一種。多元職涯會自然讓你終身學習，反之亦然。當你發現可以添加到多元組合的新項目，也是與自己的生存意義校準。

還在等什麼呢？

一起合作：二十一世紀行會

打造多元職涯不只牽涉到要做什麼或如何做，和誰一起做也很重要。

職涯多元的人和職涯線性發展的人一樣，會有同事、夥伴與同業。不過新科技興起的關係，如今有多元的方式可以認識新對象，一起合作。其中一種最有用的方式，就是二十一世紀行會。

行會不是新概念，數百年前早已存在，一路以來幫助同樣技藝或行業的人們相聚，確保品質優良並傳承行業技術與慣例。像是鐵匠、木匠、鞋匠與會計師，許多職業都有行會。儘管因為工業化、企業及單一僱主成為主流，讓行會相形失色，甚至刻意遭到破壞，但行會始終存在，如今也將復出。

現代行會有許多功能，以今日的說法，像是職業訓練、商業開發、人脈建立乃至互助功能等等，[121]除了有助於成員精進職業學習、發展長才之外，也讓成員培養人脈、共同合作，獲得行會以外的其他領域專長。行會也是鑑定信譽與信賴的非正式途徑，而且有些集體取向。Enspiral 便是全球超過一百五十人共同成立的行會，一起開創多個事業，針對合作慣例制定開源指南，並以參與式預算共編的方式來支持全體成員。[122]

隨著二十一世紀職涯組合更多元，工作安排更多樣，行會將能加速學習、凝聚職業社群並落實責任，十分適合變動情境。

別被目前的工作內容做小了

「變動世代」一詞在二〇一二年是用來形容一個人能夠在變動且混亂的職場表現傑出。[123]如今，身為成功的變動世代，代表職涯也必須多元。

基本上，多元職涯反映出一個人如何看待自己，以及如何看待自己所做的事情。它是你自己的腳本。從線性且傳統的職涯路徑轉換成不斷調整的多元職涯路徑，會有助於強化根基，增強韌性，不用再為專業發展焦慮或必須管理變化，一會兒惡補課程，一會兒升官加分，永遠要冒著迷失自己的風險，或被無法掌控的力量制約。多元職涯代表有在運用變動型思維。

多元職涯仍有挑戰，最主要是人們與公共政策仍然死守舊腳本。不過已經出現微小變化，偶爾變化頗大。實情是，多元職涯符合未來趨勢。不論我們是否願意承認，如今所有工作都是暫時的。**懂得不把思維只放在工作、懂得打造多元職涯且會不斷調整的人，將是未來及未來職場的贏家。**

打造多元職涯：思考練習

1. 如果今天失業，你的專業身分會是什麼？
2. 你的職涯的最大志向是什麼？可以畫出來嗎？
3. 剛認識一個人的時候，你問對方的第一個問題是什麼（名字除外）？
4. 每隔幾年就轉換跑道，會讓你感到興奮還是害怕？為什麼？
5. 如果可以想當什麼就當什麼，你會想當什麼？

第七章 成為更有溫度的人（並服務他人）

做任何事情，都要更有溫度。

——加拿大駐歐盟大使艾莉希．坎貝爾（Ailish Campbell）

Alexa不只是亞馬遜推出的人工智慧虛擬助理，也是家庭新成員。中國除了替手機用戶開設行人專用道，更以「低頭族」這個新詞彙來形容他們。[124]青少年在二〇一九年平均花六小時四十分鐘在看手機、平板及電視，占用起碼四成醒著的時間，前提是有睡覺。[125]可別忘了，這些是在居家上班、遠距學習及線上課程讓人花在螢幕上的時間暴增以前的數據。

但暴增的不只是人花在螢幕上的時間，自動化也在急遽發展。從電子商務、無人車、文字辨識乃至疾病診斷，過去倚賴大量勞力或步驟繁複的活動與專業，如今越來越能隨時藉由自動化科技迅速且有效率地完成。自動化本身並不新奇，令人咋舌的是被大家接納的速度，對於最佳實踐做法或道德規範，也尚未達成共識。其實，這些情況早在全球疫情加快自動化腳步且這些課題被忽略以前，就已經發生了，理由是機器不會生病，不會抗議，也不會三餐不繼。還會有什麼缺點？

然而，撇開花在螢幕前的時間及自動化不談，我們每天持續看到科技如何連結人們，同時也分隔人們。研究指出，成人花在螢幕上的時間越來越多，與加深憂鬱程度有相關。[126] 六〇%的年輕人曾經目睹線上霸凌，但多數人選擇袖手旁觀。[127] 人們利用科技學習，也用來逃避；利用科技團結，也用來疏離；利用科技分享情感，也用來掩飾情感；利用科技讓自己進步，也用來與他人較勁，導致耗弱。

如今，人類花越來越多時間在科技產品上，越來越不和其他人相處。我們是互相倚賴的：從氣候變遷到缺乏容忍，人們面臨種種共同挑戰，卻缺乏共同解決之道。點一下滑鼠、滑一下手機或按一下按鈕，雖然能夠讓人比以往認識更多人，也可以學到更多，人與人之間卻是更加隔閡與分離，面對自己也是如此。人們雖然在一起，卻很孤獨。

超能力：成為更有溫度的人（並服務他人）

要在這個機器人越來越多的世界成功，就要更有溫度，用溫暖的心幫助別人。

科技很顯然已經無形地逐漸潛入人類生活各個面向。新科技通常有益處，能讓事情做起來更輕鬆、更快速、成本更低廉。然而有效率的同時，也有個更細微且麻煩的問題：以為科技本身就是答案，是人類的救世主，人類不如演算法厲害。

這種說法會引起廣泛的連鎖效應，讓人類逐漸喪失信心（認為科技比較內行），喪失感覺（人類欣然被科技麻痺），也喪失主動性（繼續點就對了，這是你唯一要做的事！）。往往在不知不覺中，人類變成要靠手邊的科技產品，才能清楚想起自己是誰。

遑論還有更陳舊的腳本，提醒我們要堅強，要向世界展現自己光鮮亮麗的一面，無論是擊敗競爭者、悲傷時不要哭、領導時要展現自我，或者努力達成別人的期望。要展現出別人希望你成為的樣子，而不是你真正的模樣。要不計一切代價贏得勝利。

然而，這種說法會造成什麼結果？

我們會逐漸變得沒有主見，彼此競爭，疏離自己也疏離別人。這麼做是在剪斷人性這塊布料的織線，讓人墜入焦慮、憂鬱與孤獨的兔子洞裡。

所幸還有其他生活方式，不一定要這樣和科技互動，或與別人相處。

從今日變動不斷的世界來看，這種思維無疑缺陷不少。一旦開啟變動型思維，你將能夠看穿舊腳本的陷阱，讓人類社會更有溫度。

有了變動超能力，你和科技的關係將會歸零重新開始。不是要你破壞科技或痛恨科技，而是要明白沒有任何科技比得上人類意識的覺醒，以便駕馭新科技的正面力量。

練習超能力的過程中，新腳本會浮現，內容由你主宰。新腳本會邀請你完整呈現自己，做自己，全力發揮所長，也會把人的脆弱看作是內在強項，不是弱點。新腳本秉持人們互相依存的卓越智慧，不會企圖掌控別人，而是要與別人共享力量。

一旦開啟變動型思維、執行新腳本，你就能夠與其他人重新連結，也能夠與自己內在聲音再次連結，做出更明智的決定，找到更多至今想不到的快樂及平靜泉源，慢慢發揮全部潛力。

有誰不想這樣?!

> 人最大的成就，是在不斷要你不做自己的世界中做自己。
>
> ——文學家拉爾夫．沃爾多．愛默生（Ralph Waldo Emerson）

人性與大腦

面對不斷的變動，必須協調兩種不斷演進的關係：人與科技，以及科技對人的影響。

而且要秉持道德羅盤，畢竟人不是演算法。再來，要有溫度。

我們已經知道，除了科技，像是恐懼這種情緒也會影響人類反應機制。傳統思維專注在形式與確定的事物，我們之所以會害怕未知，哪怕是微不足道的小細節或無能為力的巨大力量，就是因為人類大腦邊緣系統原本即如此設計。馬蒂・史匹格曼（Marti Spiegelman）是出身哈佛的科學家、出身耶魯大學的平面設計師，也是領導力顧問、導師及訓練有素的薩滿巫師，他說得很好：「人類喜歡已知，導致害怕未知。然而，人類就是厲害在不斷接觸未知，讓未知成為創造性演化過程中的助力。如果控制不了自己的害怕情緒，等於是浪費了最好的資源，彷彿忘記怎麼當一個完整的人。」[128]

史匹格曼接著解釋，恐懼與自我位於大腦同一區，可是人不只會把自我當作個性的歸宿，更以為自我攸關存亡，因此凡是會危害自我的事物，也會危害生存。[129]問題就出在這裡。一旦只關注自我，就會開始覺得天底下的事情都和自我有關、所有事情都可歸咎於自我，連自己的生命存續也不例外，導致最後不去即時接收感官訊息，只接觸過往資訊，讓自己處於十分危險的位置。也就是說，人們阻斷了自己與現實的連結。

滑坡效應很快跟著浮現，由於不去接收感官訊息，便無法直接體驗與了解周遭世界，因此無法理解恐懼迴路的成因。人知道的東西越少，會越害怕，也會越不去認識外在世界。[130]

最終，我們就會失去讓人更有溫度的關鍵。

服務與受苦

總的來說，今天社會不會教人們如何受苦，反而要人把不挨痛、不受苦當作目標。如果你挨痛或受苦，代表你沒有做對。

這又是一個舊腳本與新腳本衝突的例子。舊腳本要人堅強，就算跌入絕望深淵，也不要表現出來，要隱藏自己的情緒。然而，如果情緒藏得太深，別人就無法幫忙。

新腳本則是要人真實一點，完整展現自己，既要讓別人知道該如何幫自己，也要問別人自己可以如何幫助對方。這就是服務與互助。

做人有溫度不是不受苦，而是要完全察覺自己的感官與人性，徹底活在當下，毫不害臊做自己。要對不自在的地方怡然自得，偶爾告訴外界自己對哪些事情不自在，才能駕馭它，邁向更大的成長。

做人有溫度代表要幫助別人，讓人互相倚賴。一旦觀念上出現「從我到我們」的轉變，不僅你的個人能力會被激發，集體的潛力也會被激發，心態上也會更容易應付變化。

如今有史無前例的機會，可以讓人們實踐變動超能力。例子不勝枚舉，但最有力的例子，莫過於悲傷。

這場新冠肺炎傳染病，或多或少讓倖存的人們心中缺了一角，不能夠再站在同樣立足點思考未來，許多時候立足點已經消失。過去的早已不再。未來會發生什麼事，則難以預料。

獨自也好，集體也好，人們正在悼念逝去與未來可能不存在的事物。儘管每個人失去的似乎不同，有人失去工作、有人失去夢想、失去摯愛、失去日常安排、失去常態感或失去期待，但沒有人可以倖免於失去。

這不只是和疫情有關！也不只是關於天然災害、失去工作或失去摯愛，而是關於普世永恆要面對的現實，也就是失去，以及如何面對。這是關於人們是否接納悲傷，還是壓抑悲傷；是否害怕自己的感受，還是欣然接受負面情緒；是否逃避痛苦，還是承認正視痛苦才是解脫之道。

父母過世前，我沒有參加過葬禮。意外發生時，臉書及智慧型手機尚未問世，無法公開悼念，也沒有網路平台能讓我分享難過情緒。悼念方法沒有對或錯，重點在於真誠有溫度，去經歷那段恐懼、悲傷、未知與苦痛。我很坦誠面對自己，打開自己，時至今日我仍對當年別人也對我表現出的坦誠感到驚訝，即便他們不需要、也沒被期待要這麼做。他們是如此真摯、有溫度，讓我發現自己的人性溫度，也讓我了解到「悲傷支持」（grief support）的真諦。

如今在網路上公開悼念很普遍，對許多人來說，網路平台是哀悼過程中不可或缺的工具（雖然我還是不太能接受「被期待」要公開悼念父母的做法）。分享難過情緒可以讓自己不那麼孤獨，也可以讓別人幫助你。然而這個數位世界對於網路上「該如何」悼念有一定的看法，可能會讓人基於罪惡感、某種顧慮或情感麻木而隱瞞悲痛不語。要從無情的羞辱中獲得真正的幫助可能非常不容易，尤其是當人很悲傷的時候。

停下來，想想看從個人角度及領導者的角度，你會如何面對悲傷。你是那種不願意在別人難過的時候支持對方的人嗎？你會用「我很遺憾」、「請堅強」這些話表達支持，還是會陪他們一起走過悲傷與痛楚的火煉？對於個人悲傷與集體悲傷，你是否能夠有同感？

做人有溫度代表要以情感、同理心與道德對待別人。還要帶著誠信、直覺與不完美。為別人服務，就是要永遠一起勝利同歡、失敗同悲，這是科技永遠辦不到的。

> 一旦以「我們」取代「我」，就算是生病也會變得健康。
>
> ——非裔美國民權運動者麥爾坎・X（Malcolm X）

以陰補陽

陰與陽是和諧的普世象徵，源自中國神話：宇宙誕生，陰陽肇於渾沌。[131]陰與陽平衡的時候，生物、體系乃至全世界都會欣欣向榮。這種和諧的表現形式有很多種，像是光明與黑暗、歡樂與絕望、和平與衝突。

陰陽是兩相互補的力量與能量，會以互補的方式帶你站穩腳步，引領你前進。

每個人都有陰陽兩面，陽能量的特徵是明亮、線性、活躍、聰穎且全神貫注，被視為男性能量。陰能量的特徵則是柔和、整體且圓融，充分掌握事情涉及的多重關係，經常被視為女性能量。但不是所有男性都屬於陽，所有女性都屬於陰，每個人都有這兩種能量，只是比例上的不同。

陽屬於宰制，陰屬於合作；陽將大自然視為人類控制的對象，陰則視其為人類服務的對象。

陰陽平衡是成功的前提，不論個人、組織、生態體系或整個社會，都適用這個道理。舊腳本充滿陽剛氣息，缺少陰柔的敘事，今日我們亟需以陰補陽，恢復和諧。

今天世界會如此糟糕，某種程度上是因為陽的分量過重，[132]男性長期位居領導地位，缺乏女性調和。以企業界為例，《財星》前五百大公司執行長中，女性僅佔七・四％（二

○○○年為○．四％）[133]。在政壇上，多數國家未曾出現女性元首，目前女性政治領袖人數比例約為一○％，已屬新高紀錄。只有四個國家（不到二％）議會的女性比例突破五○％。[134]

不論怎麼說，這些指標都顯示陰陽極度失衡，太過以陽為主。人們必須知道，沒有足夠的陰來調和，以陽為主的世界會難以達到至臻境界，這種失衡會給人、環境與未來帶來傷害。

新腳本不是光嚷著要給女性更多領導機會，兩性要更加同工同酬，育嬰假政策要更好（雖然這些確實有幫助），而是要求在更基礎的層面上採取行動，要那些不重視陰陽失調問題的人（社區領袖、企業執行長、家長、教師、經理人……等等）知道，這麼做是把自己做小了，會讓這個社會變得更不公平、更沒有生產力、更缺乏活力。失衡狀況持續越久，問題會越惡化。

幸好人類很會調適，一定有辦法「回歸平衡」，也就是以陰補陽。

我最常聽到的顧慮是，要男性領袖放棄權力，他們會備感威脅。我可以理解為何相信控制與宰制才是不二法門的人會這麼說，但這麼做最後會導致毀滅。當然，死守舊腳本才會這樣認為。

以為父權體系（由男性與陽所治理的體系）與母權體系（由女性與陰治理的體系）是

互相對立的人，並不曉得這些體系如何運作。父權體系之所以會排除女性，主要是因為這個體系文化充滿自卑、階層關係且獨佔權力，三者皆符合陽性特點。男人若覺得母權體系是對立體系，自然會害怕，因為這代表自己會被排除在外，失去權力，面臨世界末日。

但這種理解是錯的。母權體系不只是與父權體系對立，父權體系是階層關係且具排他性，母權體系則是平等與包容，重視的是陰的價值，也就是男女在內所有人的人際關係及培育。[135]

女人進到父權體系會被排除，男人進到母權體系則會被接納，因為母權體系的文化特色是平等、權力共享和陰。男性不需害怕，不論男人或女人，都應該接納母權體系。

新腳本清楚這個道理。不論是什麼性別，只要有變動型思維的人，都會投向母權體系的懷抱。

男人與女人一旦都以陰補陽，所有人都會變得更平衡，也更有溫度。

陰效應與浮卡

浮卡（VUCA）是波動（volatile）、不確定（uncertain）、複雜（complex）與模糊（ambiguous）四個詞的縮寫，浮卡世界就是變動的世界，學會以陰補陽也可以大幅改善人們應對變動與浮卡。

浮卡概念來自軍隊，但很快就被企業採納，原因不難理解，因為兩者都是競爭激烈、敵我廝殺的戰場，而且陽氣過盛，舊腳本思維根深蒂固。

然而我們知道，今天讓人吃苦頭的變動是來自內在、個人與人際之間，不是光靠「打敗對手」的策略就能夠消除這種不確定性。更何況，人們並不是真的想要「打敗對手」！許多人渴望人際連結，也期盼和平，包含內在和平及人際和平。人們要的是得體、有尊嚴、有人性。

若把陰陽平衡套用到浮卡，而且用新的、不斷變動的腳本取代傳統複雜的研究時，會發生什麼事？以下是預期的效應：

・領導模式更為集體與合作導向，取代由上而下的階層結構。

・會出現更多引領變革的領袖，他們會把目標放在鼓舞人心，取代以懲戒獎賞為手段的交易型領袖。

・實踐包容。

・不會「掌控」他人，而會「與他人共享權力」，也會「賦予他人權力」。囤權不是掌權之道，發放權力才是。（第四章提過這個道理。）

就像是領導力專家暨《沙克提領導：擁抱企業女力與男力》（*Shakti Leadership: Embracing Feminine and Masculine Power in Business*）共同作者妮莉瑪・拜特（Nilima Bhat）所說的：人們會了解到「雙贏才算是勝利」[136]。

陰陽平衡讓人有溫度，是變動世界中成功的必備條件。

提高數位智商

如果你住在冰雪皇后（Dairy Queen，DQ）有開設據點的美國、加拿大、中國或其他二十七個國家，勢必會納悶變動和胡桃冰風暴口味冰淇淋有什麼關聯。這裡談的DQ與冰淇淋無關，指的是數位智商（digital intelligence）。[137]

IQ（智力商數）依據的是抽象推理、數學、字彙與常識題目（以白人上層階級為預設基準）作答計算出的原始智力，長期普遍被視為預測一個人整體成功程度的最佳方法。多年後則出現情緒商數（EQ），指的是一個人理解別人、在乎別人並與別人建立關係的能力。EQ衡量的不是知道哪些事實或恆等式，而是懂不懂得如何與其他人建立關係。大家很快便發現，若要衡量一個人整體人生的成功程度，EQ與IQ同樣重要，甚至EQ更重要。一個人的情感生活過得有沒有意義、是否感到被愛與得到支持，以及是否崇尚人性溫暖，比較是取決於EQ，不見得是IQ（不過兩者都會有幫助）。

IQ搭配EQ的腳本長期以來很有用，直到數位社會來臨，人們越來越擔心科技會主導且不利於人類的IQ（過去努力半天才解決的問題，網路一下子便能提供解答）及EQ（讓人脫離有意義的人際關係）。我們必須更新這套腳本。

數位智商便是新腳本的一部分。提升數位智商，才能夠讓人在二十一世紀及變動的世界真正獲得成功。

你的數位智商高嗎？

數位智商協會（Digital Intelligence Institute）致力於提升眾人的數位智商。雖然協會以培養孩子的數位智商為主，但提升數位智商的重要性不分年齡。

你可以初步用以下問題評估自己的數位智商高不高：

- 你知道自己每天多常上網嗎？
- 你知道在網路上的個人資訊會被哪些人與哪些組織取得嗎（以及會取得哪些

資訊）？

- 你有沒有積極管理自己的數位足跡？
- 你知不知道身為數位公民有哪些權利？
- 你分辨得出什麼是網路霸凌嗎？看到網路霸凌時，你會出手制止嗎？
- 你覺得自己有沒有對科技保持適當平衡的關係？
- 當你脫離科技時，情緒上會有什麼反應，整體幸福程度如何？（記得上次超過一天沒上網是什麼時候嗎？）
- 你覺得自己在網路上能夠展現出「人的溫度」嗎？

更多資訊請見 dqinstitute.org 及 dqtest.org。

不要驟下定論，以為高數位智商就是要懂得寫程式或開發應用程式。不用擔心，並不是。數位智商是個寬廣的概念，涵蓋各種負責任地參與數位世界的能力，[138] 像是數位安全、數位身分、數位知識水平、數位權利及數位傳播。舉個例子，一個人數位智商高，代表懂得什麼時候該放下數位產品，以及如何放下，並且與人面對面交流，也會負責任地管理上網時間，制止網路霸凌，清楚什麼情況下數位身分可能會被冒用。

如今科技掛帥，容易讓人以為科技可以解決人類問題。基本上，一個人數位智商高，代表知道科技只是手段，不是答案，也不是目的。數位智商是數位世界中以人為本的羅盤，也是你的新腳本的重要支柱。

> 但願機器人與人工智慧再怎麼進步，都會用來服務人類，願它「具有人性溫度」。
>
> ——天主教教宗方濟各

希望與意識

布芮尼・布朗（Brené Brown）教授打破無數人對性格脆弱的刻板印象，刷去汙名。她說，「courage」（勇氣）一詞源自拉丁文的「心臟」（*cor*）。勇氣原本的意思不是在戰場，也不是在市場，而是說出心底的真話。[139] 勇氣來自內在，機器人或人工智慧做不到這一點。

父母還在世的時候，我沒有興趣了解脆弱或勇氣，也很少說過這些字（坦白說，我當時可能說不出「脆弱」的定義）。後來他們兩人同時過世，讓我痛不欲生。我被迫面對脆弱，也被迫要有勇氣，人生才走得下去。

光憑自己的力量，是無法了解這個道理的，要靠別人引領。就在我決定敞開心門的時候，我個人最欣賞的茱蒂．拉吉摩爾（Judy Raggi-Moore）教授出現了。除了傾聽我的悲傷，他們全家也願意接納我，歡迎我上門。她與老公丹尼、年輕女兒潔西卡及母親法蘭契斯卡，成了我的「新生家人」，讓我有了第二個姊姊與第三個外婆。茱蒂和丹尼沒有取代我的父母，而是補足、某種程度上並擴充了他們的角色，確保我與原生家庭關係不變，一邊協助我重新尋找方向，療癒我。他們邀請我一起過節，把我當成真正的家人，而非一個備胎。我得以靜靜哀悼，修補心底那張支離破碎的毯子，讓它更為牢固。茱蒂一家人讓我明白何謂毫無保留地接納一個人的全部。這些全都成為我的新腳本中的重要元素。

茱蒂的行為是發自內心，沒有想太多，覺得有幫忙的必要就採取行動。她的行為是出於愛，而非恐懼。

多年後，由於史匹格曼的關係，我開始研究人的意識，總算明白以前無法理解的經驗背後的真諦。史匹格曼有神經生理學與美術背景，加上原住民智慧，很清楚人類如何思考、感受、理解與行動，也清楚我們所思、所想、所為之間的分離。

史匹格曼指出，每個人都有比電腦還強的內在智慧（她說的不是量子運算，而是歷經千年得之不易、知道人要怎麼活的人類智慧。演算法無法取代。）隨著人類昂首闊步踏入現代，消費者在大眾行銷及「注意力經濟」讓人分心的推波助瀾下，不再重視得之不易的智慧，[140]把智慧拋諸腦後，楞楞地看著廣告，任由廣告牽著鼻子走，以為按讚數、追蹤粉絲人數及擁有越多東西，才是成功。

這不是真正的意識。真正的人類意識倚賴感知能力，也就是藉由感官認識世界，還要能夠認識感受對象的所有細節。[141]既然意識能力倚賴透過感官認識世界的能力，如今人們的大腦已經取代五官，我們就變成什麼都沒有意識到，感官與認知被文字與別人的腳本所過濾與取代。就像史匹格曼所說的，就是因為人再也無法感受世界，才會談論世界。人們不再能夠以五官感知與單純意識到自己的感受，才會以文字來表達。（想想看說明某個經驗和親自體會某個經驗的差別。明白我的意思了吧？）[142]

真正的意識代表一種古老、甚至不朽的腳本。新腳本則是找回這種腳本的方法。

當人們抱持舊腳本，很容易就會忘記感官經驗才是真正的知曉（但也不意外），反而會努力用語言來解釋，使得思維超速前進，人卻停滯不前。換成新腳本後，表達真實自我就是重新連結內在聲音與智慧，駕馭它們，把自己最好的一面展現出來，而且很可能一個字也不用說，就可辦到。

本於人性溫暖，以服務為導向

死守舊腳本的人，會覺得做人要有溫度過於天真，也會覺得服務別人是浪費時間。但是，如果你有開啟變動型思維，也真的理解背後的力量，就會奔向這種超能力。

當你要順應變化不斷的世界，你會想按照演算法的腳本而活，還是按照自己的大腦與內心的腳本而活？是想獲得別人支持，建立友誼，還是想踽踽獨行？是想靠手機應用程式博取名聲，還是靠經營可靠人際關係留下遺緒？

如今這個巨變時代給我們難得的機會，去重新探索人與人之間的共同溫度與互相依存。世界如此變動不居，更有必要停下腳步，反省自己與科技的關係，以及自己與別人的關係。當變化來襲時，手機應用程式不會讓你獲得意義，不會讓你感到被愛，也不會提供一盞前進的明燈。能夠這麼做的，只有人類。在順應變化的未來路途上，越是充分展現人性溫暖，會越好。

> 人類是一種誤以為自己是完成品的未完成品。
>
> ——NBA克里夫蘭騎士隊總裁丹恩・吉伯特（Dan Gilbert）

成為更有溫度的人（並服務他人）：思考練習

1. 你多半會以「我」的角度，還是「我們」的角度思考事情？
2. 你是否會和科技保持良好平衡？為什麼？
3. 你會如何形容今天的陰陽平衡（或不平衡）狀態？
4. 當你一脫離科技，會對情緒及福祉造成什麼影響？（還記得上次一整天沒上網是什麼時候嗎？）
5. 你覺得能不能夠做「有溫度的人」？為什麼？

第八章 放下未來

以其終不自為大，故能成其大。

——老子

父母走了以後，我的未來也缺了一角。雖然他們從來沒有要我往特定職涯發展，卻對我期待很高。少了他們，那些期待還算數嗎？適合我嗎？我要怎麼確定？

我從原本的驚嚇，變成經常作惡夢，恐慌發作，夜裡會以為父母仍然健在，種種經歷只是一場惡夢。我會驚醒，想起姊姊的那通電話，人很慌張、焦慮、不願接受事實。

過一陣子，我變得完全不作夢，這讓我不那麼痛苦。但少了夢，未來又會是什麼模樣？

時間快轉。多年後的今天，沒有夢的未來，對許多人而言竟是如此真實。

也許你做過一份熱愛的工作，結果丟了工作。這不只是失業而已，而是失去一部分的自我認同，失去形同家人的同事，失去每天起床的動力。

或者是你的孩子，他夢想要上大學，但你們不確定這筆開銷值不值得，對於未知感到徬徨、甚至能不能進得去大學，都不確定。

或者是你努力多年、正準備推出的專案，原本會對職涯大大加分，結果出了差錯，或者更糟——被取消。

也許這個狀況不是發生在你身上，而是發生在你的團隊其他人身上，或是社區民眾。也許這個狀況不是發生在專案，而是發生在生活模式。多年來，你試圖兼顧工作與家庭，想要面面俱到，就在總算掌握某種平衡、讓它可以持續運作的時候，卻遭遇變化。

又或者是，你靠著謹慎財務規劃，獲得良好回報，於是辭去工作，買機票環遊世界，結果發現行程走不下去。

再一種情況是，你日復一日被生活追著跑，漸漸無力作夢。

以上情境都可以歸結成一個重要問題，也就是當你原本熟悉的世界突然之間瓦解，或是發生你沒有預見、也不樂見的巨大變化時，要如何讓你的夢想不滅？

超能力：放下未來

放下未來能讓更美好的未來浮現。

很多人從小就被灌輸觀念，認為人類能夠預測未來、掌控未來。道理就是努力上進，就會獲得好工作。選對領域，機會之門將會大開。安排計畫要能夠如期實現。這些建議不是不好，只是每一種建議都預設這個世界是可以預料、可以控制……然而現實卻相去甚遠。

傳統道理是一種錯覺，確定性是一種錯覺。事實上，沒有人知道明天會發生什麼事，沒有人掌控得了未來。舊腳本說的是事情「照理講」會如何在靜態、固定且不變的世界中運作。但是這種世界早就不存在，也不會再出現。

這個變動的世界需要一種新腳本，了解到放下掌控的感覺，才能找到真正的掌控。放下自以為掌控得了外在局勢的錯覺，才能專注在真正掌控得了的事情，也就是如何反應。放下自己不需要的一切，讓自己有更多時間、空間與資源做自己要做的事情。

放下不是放棄，也不是失敗，這一點許多舊腳本支持者很難理解。從許多方面來說，一個人放得下，代表有終極變動超能力。看似違反直覺，但正因如此才有威力。

放下才能掌控真正重要的事物，能夠讓人前進，並提醒你要活在當下。靠著變動型思維，人就能夠把對明天的恐懼與不安，轉化成讓自己今天過得有目的、有潛力，而且內心平靜。

困在過去，害怕未來

人類很善於活在過去與未來，神經科學家阿米希·扎（Amishi Jha）說：「人心善於時空旅行。」[143]事實上，人大多時候都處於這種狀態，追憶過去（不斷懷舊、後悔做過某個決定，或者純粹回想消逝的事情），也設法預測自己的夢想未來會是什麼模樣，同時逃避恐懼。

可是追憶過去及預測未來，特別是要求事情「一定要」順利或者按照計畫走，會讓你無法活在當下。花時間活在昨天或預測明天走向，等於是失去人生。人唯有在當下才是真正活著，也就是此時此地。

我並不是說反省與規劃不重要，回憶歡樂時光能夠提振精神，為未來做準備也是負責任的行為，往往很重要。人的記憶與期待是人生極大快樂的泉源。

我想說的是，我們太常陷在過去與未來，無法回到當下，變成要在其他地方度過一生。我們忘記自己有涉入未知的神奇能耐，不去思考有更好未來的可能，反而因為害怕未來而緩緩爬行。人心總是會自動帶入負面偏見，讓負面念頭多過正面念頭，留在記憶中更久，更常影響決策。一旦這種狀況不斷循環，結果會很不好。我們需要更強壯的心智肌肉，立於當下，以便欣賞現在的生活，從中學習，處變不驚地邁向未來。

每個人都身處在變動的世界。現在不這麼做，更待何時？

害怕放下

我在這趟變動旅程發現一個最有意思、也最出乎意料的心得是，當人們談到放下，總是在談放下過去，像是放下怨懟、放下遺憾、放下愛情或放下早已不再的片刻。偶爾大家也會談到放下目前的事，像是放下壓力來源、放下有害無益的伴侶關係，或是放下不良習慣。可是，大家卻從來不會談到、也從來沒有想過要放下未來！

當然，有些人對未來很興奮，但也清楚未來有數不清的未知，沒有一件事能夠說得準。許多人則是害怕未來，以至於卡在難以掌控的局面，動彈不得。人越是試圖抓住自己抓不住的事物，或者試圖抓住行不通的事物，就會更加灰心。

這時就應該放下。然而，既沒有人談這件事，也沒有人教導這件事，更不會有人讚賞。那何不做做看？

掌控：感受與現實的對抗

如果你的人生至今都是按照舊腳本走，很有可能會拚命取得掌控權，追求成功，渴求外界肯定。如果這就是你接受到的教育，恐怕很難理解其他生存模式。事實上，這與事實相去甚遠，這個世界上活著、思考與成功的方式不只有一種。

有些人也會被既得權利蒙蔽。第一章與第二章介紹過，既得權利會限制人對腳本內容的感受力。某方面來說，既得權利讓人擁有更多選擇；從另一方面來說，卻又會限制人的選擇。具體來說，人若感受到自己擁有越多既得權利，或擁有越多選項，就會越害怕、甚至極度害怕做錯選擇，讓自己越難以放手。

然而，這就是最大弔詭之處：放得下，才會擁有真正的力量與自由。看得透既得權利的人會很有力量，擁有既得權利的人卻永遠無法理解，除非他們也放下。

當然，被迫放下與選擇自己放下，兩者很不一樣。當變化來襲，讓你不得不放手，往往也會心生抗拒與恐懼。但當你主動選擇放手，便可望深刻體會到解放與自立的感覺。

放下，也是一個很棒的機會教你謙卑、尊重地學習其他文化。人類從遠古時代便苦於依附與控制。我們可以怎麼樣互相教導，以期改善每一個人放下的能力？

「阿帕里格拉哈」（Aparigraha）在梵語的意思是不依附、不牢抓、不佔有。在「阿帕里格拉哈」盛行的文化中，像是印度教與耆那教，「阿帕里格拉哈」是人類力量最高境界。不論世界是否變動，「阿帕里格拉哈」都是一種超能力。

「阿帕里格拉哈」是放下所有無助於讓自己卓越的事物的能力，包括放下對未來的期待與恐懼。人因恐懼而無法活在當下，若不處理，只會引起更大恐懼，展現為憤怒與不安。這種自我破壞與加倍挾持會不斷循環，會因為恐懼耗損心理能量，無法讓你有建設性地運用時間。這又稱為「矛盾心理表現」，也就是為了不去想某件事情，大腦會不斷確認我們是否有在想那件事情，以便幫助我們不去想它。這不只沒有用，還會適得其反。[144]

我個人經歷過這種矛盾心理表現的狀態，時間久到簡直要抓狂。父母還在世時我就有憂慮傾向，家母大半輩子飽受憂鬱症之苦，在家凡事都得小心翼翼，這一點我很小就有印象。後來他們過世，我變得更加自我毀滅，直到開始摸索本章介紹的種種概念之後，才體會出更友善且更有智慧的生活方式，也發現有太多東西需要放下。

如今，我心目中這個社會的成功榜樣，是能夠放下對未來的恐懼、不安與期望的人。不只是因為你做得到，而且是你選擇要這麼做，是因為你知道**放下才能獲得自由，不用再按照別人眼光生活，不用再陷入自以為可以掌控未來的錯覺，遇到變化也不會再心神不定**。有了這種自由以後，以往看起來做不到的，如今都變得可能。

人若懂得萬物不定的道理，便不會試圖執著不放。

——無名氏

新腳本：因應變動的三種轉換

放下未來並不像是鬆開燙手馬鈴薯，而是重新調整自己與未來以及與未來可能遭遇到的變化的關係。撰寫新腳本主要有三種方式：

1. 思維的轉換：從事前預測改為事前準備

這種轉換建立在一種認知上，也就是未來無法預測，未來也不一定會按照預期發展，而是有各種可能性。最好的方法，就是盡量替未來做好準備，**不要預測「會」發生什麼事，而是要把精力用在研擬初步對策，以因應「可能」會發生的事。**

父母剛過世的時候（當時我尚未領悟這個道理），我會坐下來，寫下未來各種可能的發展。我可能會去教書或做生意；可能會結婚、也可能不結；也許會生小孩，也可能不會；也許會住在廷巴克圖（Timbuktu）*，也可能住在泰國，或是住在離家近的地方。然後我會看著這些情境，問自己能否重新找回內心平靜與快樂？

雖然每個情境很不一樣，但結果都是肯定的。每一個情境都充滿變化與不確定，有大量未知，卻都是出路。當我不再試圖預測會發生什麼事，就會出現各種未來選項，而且都能讓我過得滿足。

2. **期待的轉換：從「事情會順利依照計畫進行」改為「計畫一定會趕不上變化」**

即使可以不去預測，人的大腦還是可能會預設計畫會順利進行（萬一不順利，表示你失敗了）。歸根究柢，人的許多痛苦與質疑，就是因為沒有好好管控自己的期待。

回想最近一次遇到事情不如預期，當時你是如何反應的？是生氣，還是不安，或者是坦然面對？如果事先知道精心安排的計畫會有變化，事後會做出什麼更好的反應？或者，事先會有怎樣不同的準備？

切換自己的心理開關，**把變化看成常態而非特例，這樣會提升應變的能力，讓自己更有遠見，更有同情心，也更能夠順應當前不確定的局勢**。

> 計畫本身不重要，重要的是安排計畫。
>
> ——溫斯頓．邱吉爾（Winston Churchill）

---

*編按：西非馬利共和國的一個城市。

3. 重心的轉換：從已知轉向未知。

在解決問題或順應變化的過程中，人往往會著重於做更充分的準備，以因應相同事情再次發生。這種策略不是不好，但不完整，那些還沒發生的事情，又該怎麼辦？

未來只是一種概念，人永遠無法真的掌握未來內涵。歷史固然能夠教人許多事情，然而現今各種變化的因素，有的超乎人類既有經驗。現有模式沒有包含意外與不可知。確定的是，今天成就人們的事情，不見得能夠在明天繼續成就你我。

當你變得會敬畏生命的奧祕、而非預期過去會重演的時候，則不論就字面意義也好，譬喻意義也好，你的視野都會變得開闊。

盤點人生情境

未來學者喜歡使用一種工具，叫做「情境盤點」（scenario mapping），這是一種預測方法，在既定條件下盤點眾多可能會發生的情境，目的是聰明且有根據地對未來可能的模樣進行概念掌握。實際而言，它是一種讓人們由事前預測轉換為事前準備的有力機制。

情境盤點經常用於企業組織，也適合許多場合，像是評估某個領域的未來（如教育）、評估概念（如資本主義）、商業型態轉換（如居家上班），乃至於了解自己的實際人生會如何變化（如職涯前景或孩子教育），以及有哪些選項可以因應。你可以想成是熟悉變動世界的祕密武器暨魔法棒。

任何未來情境都有利弊。最好的情境是你感覺可行的那些。基本上，情境是思想實驗，如果你的第六感告訴你，雖然一件事情某些面向有點瘋狂，但感覺做得到，那麼就做下去。

情境盤點圖多半是以雙軸繪製，雙軸代表兩個主題，可以同時探討四個象限。可以選擇的議題不拘，像是：十年之後，究竟取得四年大學文憑將成為常態，還是會有新的、更能幫助因應現代社會的新選項出現？驅動你公司成長的，會是人，還是自動化？就個人而言，你的人生中什麼可能會變，你又想要怎麼改變它？讓你有感覺的因素，都可納入探討。

確認主題，畫好軸線後，就盡情設想各種可能，在四個象限中說明可能出現的結果、連鎖效應、阻礙與因應方式。讓好奇心主導設計，側重於最有效的項目，留意直覺要你「注意這裡！」的時刻。抱持認真心態，但也不要太過認真，以免阻礙發揮創意。

你會如何運用這項練習，來重新反省應對未知的方式？

再次喚醒你的主體性

放下未來可以被掌控的錯覺，人就能擺脫束縛，專注在自己能夠掌控的面向，也就是如何應付變化。換句話說，放下未來代表要再次喚醒自己的主體性，也就是主宰自己人生的感覺。增進主體性是新腳本的重要一環。

主體性的內涵往往比你第一時間想得到的還要多，學習能力、創造能力、決策能力與成長能力都算是，也包含投票與否的能力、使用電子產品是否自律、懂不懂得運用「雙腳定律」，也就是當發現學不到新東西，又無法做出貢獻的時候，會去投入更有意義的事情。還包括離開沒有成就感的工作、會不會結束不滿意的關係、回應別人的態度是友善或有敵意。主體性也和看見無形的事物有密切關聯，當你學會看見無形事物，就會發現主體性可以用在更多地方。

表現主體性不代表會達到目的，但起碼會讓你有自己的聲音。你控制不了結果，但可以控制自己要不要有所貢獻、要如何貢獻。

主體性從來沒有像現在這麼重要，但是人們善於集體扼殺主體性。教育體系要學生為考試讀書，而非踏上探索真正學習的旅程。大眾行銷機器對消費者洗腦，要人消費就好，不要思考。人類也在上下左右滑手機的過程中，讓科技麻痺情感。這些例子說明了主體性是如何微妙、甚至無意識地掉入人類意識深處。

然而，主體性並沒有消失。你的主體性，我的主體性，我們共同的主體性，始終都在，只要你還活著，便無法失去主體性。該是時候找回主體性，擁有它，並且完整運用它。

關於變化的「問題」

所謂問題，基本上就是不樂見的變化，像是你希望不會發生的，結果發生了，或是你希望會發生的，結果沒有發生。這件事也許發生在五分鐘前，也許發生在五十年前。所謂「問題」，就是你希望不會出現的某種變化。

如今人類比以前更加不斷地在解決問題，包括長久以來的問題、前所未見的問題、複雜問題、社會丟給我們的問題，以及我們自己製造的問題，像是追求錯誤目標、激怒別人或是沒有看到自己的盲點。人們對幸福的飄渺追尋，很可悲也很錯誤地倚賴於被解決的問題。（上一章已經看到，這是搞錯方向。）

很多時候，你會遇到自己一個人解決不了的問題，你恨不得解決，也許某一天會被解決，但現在就是非常棘手，非能力所及。

設想你正在設法克服某個問題，也許是新的工作變動、新的家庭變動、要合作的新供應商、新的時程表、營收下滑、信心下滑，或是一段多年來不穩的感情關係。遇到這種情況的時候，社會往往告訴你要奮力一搏，如果不這麼做，你就是失敗者。但實情並非如此。當然，有時候是該奮力一搏，像是為人權、為了讓地球更適於人居、為了社會正義與基本公平，這些都是「好的麻煩」。但有些是不同、龐大又令人分神的問題，人們卻會不斷與其搏鬥。比較好的作法，是換個角度，去接受它。

暫時接受它。

接受不代表失敗，也不代表被動。（舊腳本不懂得這個道理。傳統敘事之所以過時，就是因為這種短視。）接受代表活在當下，只不過，與其花力氣在擔心變化，不如把力氣放在改變自己的應對方式。

當你能夠接納變化，放下凡事皆可掌控的錯覺，神奇事情就會發生。你的內心會感到祥和、清晰，連以往不懂的事情，都會突然開竅。想像力將會馳騁。

當你不執著於掌控，就會迎來無窮可能。不去專注不順的事情，就有餘裕展現未來可能。在日常生活中、組織內部或社會上，如果想創造新事物或帶來改變，首先要有能力去設想事情可以不一樣，這樣你就會有意圖去用不同視角觀看事情，而不會執著於解決方案，「非得」要看到某種結果不可。

回想一下，最近你的人生遇到哪些變化。你接受了哪些？哪些你仍然不願面對？哪些你已經放下，放下之後給自己帶來什麼樣的餘裕？

不要太擔心煩惱本身

我的人生多數時候處於煩惱迷霧中，最早是家母擔心我會死於嚴重食物過敏。（這個煩惱其來有自，我常因為過敏生病，讓兒科醫師疲於奔命。）五歲時，我開始懂得要為錢煩惱，因為錢總是不夠。讀小學時，我常擔心惹其他孩子討厭。放學後，會煩惱要不要回家、什麼時候回家，因為想避開越來越難以避免的家庭衝突。

後來，父母過世了。我的煩惱暴增，廣泛性焦慮症*讓我驚恐，夜裡作惡夢，有時我會悲傷得無所適從，抓狂似地想搞懂這一切。很顯然，父母遭遇的意外不只是惡夢，而是我要面對的新現實。現在該怎麼辦？我的大腦中「理智」與「不理智」兩方，不斷就什麼事情「值得」煩惱起爭執，結果往往是要我每件事情都要煩惱。

---

* 編按：Generalized Anxiety Disorder, GAD，患者對諸多事件或活動（如在學校或工作的表現等）會有著預期性的過度焦慮或擔心，經常處在高度緊張中，難以放鬆，容易有焦躁不安、顫抖、頭痛等緊張性反應。

一直要到四十多歲，我才發覺長期煩惱的狀態並不正常。這是突如其來的發現，當時人家要我回想最早感到無憂無慮的記憶，結果我完全想不起來。比起安撫肩頭這隻凡事吱吱喳喳、無病呻吟的焦慮小鳥，要我去旅行、演講或跨出舒適圈，反而容易許多。就算是在狀況最好的日子，我也會擔心沒有事情可以煩惱。

就在意識到自己完全不懂得什麼叫做無憂無慮的這一天，我覺醒了。以前我知道煩惱與焦慮會不斷惡性循環，卻沒有意識到自己受傷很深，也不曉得要如何癒合。

某種程度來說，克服長期焦慮是一輩子的任務，要靠漸進調整大腦思維。但要人「不要太擔心煩惱本身」是一回事，做起來又是另一回事。

我覺得最有用的練習是問自己：「最糟的狀況會是什麼？」然後扭轉這個論調。且聽我解釋。

人類遇到變化時，很容易把事情想得太糟。我知道你心裡在想什麼：「最糟糕的狀況」一定很糟，是各種負面狀況，像是你會失去的、不會出現的，以及什麼會是空白的？重點就隱含在問題的問法：最糟糕的狀況。

我知道，變化非常可怕，會讓你視野模糊，失去膽量。但這是因為你選擇屈服於它的欺壓。

不如換個問法，改去問：「如果不抵抗變化，改去順從變化，最好的結果會是什麼？放下對未來的期許，會出現什麼最好的結果？」

說不定你會發現，自己竟然如此有能力？說不定你總算看見那幾道門，等著自己去開啟？

說不定最糟的狀況，其實是避開了原本會發生的狀況？

父母過世時，「最糟糕的狀況」感覺不如實際已發生的那麼糟糕。雖然不是一下子就能改從「最好的狀況」角度去思考，但當我這麼做時，就感覺像是腳下大地鬆動了，變得堅固又溫柔，我既能夠保有對父母的記憶，又能真心期待未來。

我逐漸養成處理焦慮的習慣，儘管偶爾還是會害怕未來，但已學會傾聽恐懼。以下是我當時採取的簡單但有力的三步驟，一直運用至今：

1. **留意它**。感覺到焦慮與害怕時，停下來，穩住自己。剛才發生什麼事？身體哪個部位有感覺？我是不是又在思考最糟糕的狀況？可能的話，替感覺取名字，給它一種個性，但不要評斷它，留意就好。

2. **接納它**。與其責備自己「不應該」有這種感受，不如接納感受，了解到這個感受是因為自己在乎。可不可以對它心存感激？

3. **利用它**。最後，扭轉注意力。恐懼或焦慮要我放棄什麼？又是如何讓我放眼真正重要的事？我所做出的回應，符合自己的價值觀嗎？誰才是真正的掌控者，是我，還是恐懼？

這個方法不是要你忽視困難，也不是要你忘卻損失。磨難與挑戰是你我生命的一環，也是人類生命的一環。重點在於，不要因為對未來感到恐懼，便讓它挾持自己的人生腳本，讓自己無法活在當下。

人是否幸福，取決於思維，有變動型思維的人懂得拋開煩惱，擁抱可能出現的奇蹟。

重新出發

人的大腦習於規劃未來，但坦白說，沒有人知道未來會發生什麼事。連身為知名未來學家的我都這麼說！人越是企圖預測並掌控未來，或吹噓自己絕對知道未來走向，未來就會越難以掌握。

人生本來就是如此，從來沒有人曉得某一天會發生什麼事，何況是一週、一年、十年或一個世代。然而，美妙之處就在這裡，甚至讓人讚嘆：既然每天都是新的、充滿未知的，那麼每天也是重新出發的契機。

每、天、重、新、出、發。

這個道理沒有特別之處，只不過對目前不斷變動、變化也更加快速的世界來說，道理更加清楚罷了。

既然每天不斷變化，又是重新出發的新機會，為了調節想做規劃的渴望與未來不可知之間的拉扯，就要以「天」為單位進行消化。布朗大學正念中心研發處長朱德森・布魯爾博士（Dr. Judson Brewer）建議：「做今天該做的事就好，明天的事就等到明天再說。從訊息的角度來看，你越是貼近當下，思考就會越清楚。」[145]

若覺得一天還是太長，就改成這個小時，這一分鐘，這一秒鐘。重點是活在當下，把握每個重新出發的機會。

父母過世後，我陷入彷彿無止盡的「不知」狀態。我渴望做規劃，卻完全不知道會發生什麼結果。每天早上起床都在想同樣的問題：我到底該怎麼辦？

後來，我逐漸學會只去注重當下。每天早上，有兩個選擇：一個是下床看看會發生什麼事，另一個是蜷縮成一團，永遠不知道事情結果。有好幾天我真的想躲在牆角，就此消失，但耳邊總會響起小小的吱喳聲：難道，你不想知道今天會發生什麼事嗎？

久而久之，起床走動這件再簡單不過的事情，變得比較不需要刻意去做，而是一場日常的小小勝利。我的口號變成：「我想知道，但我必須學習。」也總算了解到，有些事情就是人無法得知的。儘管感到不平衡，甚至覺得殘酷，然而我心裡明白，若繼續執著於自己或任何人無法掌握的事情，我會自我毀滅。

於是這引發了最有幫助的體悟：「不知」，是一種美。因為「不知」，所以會好奇、納悶與驚嘆，這些都是目前世界所欠缺的。如果不可能知道，就該放下，重新出發。

輕輕握住未來

遇到變化時，成功的關鍵在於放下，也就是放下期待、放下不確定的未來要怎麼辦，甚至放下知道的必要。執著於「曾經」，或自以為控制得了未來的人，很容易失敗。懂得「過去的就過去了」、會保留餘裕及氧氣讓未來可以發展的人，則會成功。

放下未來談的是流動，不是執著；是順著人生，不是逆著人生；是變動，不是停滯。不要把未來當成是不確定性的排水孔，也不要當作是穿不透的磚牆，而要當成水：能屈，能讓，形體取決於容器，人難以長期持有，姿態輕又軟，卻可切割史前岩石。

水順著容器成形，既有力量，又對暫時處境感到自在。同理，要在變動不居的世界中擁抱未來，取得成功，就是要輕輕握住未來。

你所觸及之物，會有所改變。你所改變之物，會改變你自己。改變，就是永恆不變的真理。

——科幻小說家奧克塔維亞・巴特勒（Octavia Butler）

放下未來：思考練習

1. 你在做規劃時，多半會期待計畫順利進行，還是不會？
2. 你最常花心思在過去、現在，還是未來？
3. 形容一下最近放下的事情。感覺如何？結果好嗎？
4. 「不知」的感覺如何？
5. 你有沒有對人生做過情境盤點？如果有，結果如何？如果沒有，你會想做嗎？為什麼？

【結語】

繼續變動下去

人生就是不斷變動。

——古希臘哲學家赫拉克利特（Heraclitus）

目前為止，你已經按照自己喜歡的順序，讀完有興趣的章節，也盡量開啟變動型思維，釋放變動超能力，寫下適合當今世界的新腳本。你感受到頭腦、身體與心靈出現極大變化，知道這對你身為領袖、專業人士、創業家、父母、社區成員，以及最重要的——身為人類很有幫助。但你還是納悶：還有嗎？接下來呢？現在真正該做什麼？

你的疑問是對的，但首先讓我們確認自己所在，好好了解迄今學到的內容，這樣比較容易提供有意義的未來展望。

最該記住的是，你做的每一件事，都會影響自己如何順應變化。一件事經常做，就會變得在行。如果經常害怕，就會越害怕；如果經常保有彈性，就會越有彈性；如果經常保持希望，就會提振保有希望的能力。

下一步就是將變動當成練習。開啟變動型思維及強化變動超能力，並非一蹴可及，需要一輩子努力才能真正內化，要靠不斷的練習。目標要放在進步，而不是達到完美。這意味著每一天（尤其是今天！）都有充分的練習機會。

你也了解到，**不同的變動超能力可以互相增強效果**。每一種超能力雖然可以獨立運用，但結合之後會更加強大，像是：

- 從信任出發，會更容易放下。
- 看得見無形事物，會更容易從信任出發。
- 跑慢一點，會更容易看見無形事物。
- 做人有溫度，就容易跑慢一點。

以此類推。

練習變動時，先從感覺最接近自己的變動超能力開始。假以時日，它會被其他超能力強化（反之亦然）。

同樣道理，你也可以從最接近自己的變化開始。變動的一個好處在於無關規模，可以應用在任何大小、範圍與規模的單位。在個人層面，可以談日常時程的變動、家庭的變動、職涯的變動或夢想與期許的變動。在組織層面，可以談辦公場所的變動、人力資源的變動或策略規劃的變動。在社會層面，可以談政治的變動、城市的變動、氣候的變動……等等。當全世界都在變動，變動型思維將有無窮用處。

由此可以明白，本書只是開端，每一種變動超能力都值得寫成一本書，成為叢書，像是變動中的領導力、變動中的職業、變動中的兩性關係、變動中的信任、變動中的職涯、變動中的學習、變動中的風險管理、變動中的城市、變動中的政治、變動中的公共政策、變動中的期望。你從本書學到的內容，不會只適用於特定變化、特定個人與特定時刻。

現在回過頭來，把重點放在目前和你身上。變動的根本前提，就是人在不斷變化的世界上，需要通盤調整自己與不確定性相處的模式，翻轉腳本，讓未來展望更加健全，並且更具建設性。一共分為三個步驟：

- **步驟一**：開啟變動型思維。
- **步驟二**：運用變動型思維，解開八種變動超能力。
- **步驟三**：善用變動超能力，寫下新腳本。

重點在於「翻轉腳本」的能力。你的新腳本適合當今世界，能夠讓你在變化不斷的情況下獲得成功，但這件事不會自然發生，需要理解舊腳本，理解它是如何造就你目前和變化之間的關係。

每個人與變化相處的模式都是獨特的，因為來自個人人生經驗。沒有兩個人的人生經驗相同。變動的重點在於，變化來臨時，你靠什麼站穩腳步，靠什麼找到方向？靠什麼價值讓自己心裡安定而且明白，變化會是機會而非威脅？你有多注重這些價值？當原本以為會發生的事，像是職涯、伴侶、日常安排、家人、產品發表、招募新員工或選舉週期等，結果卻未發生時，你的反應又是如何受到這些價值影響？

（你可以回頭檢視導言中提到的變動型思維基準線，看看你的回答是否有所不同，又是如何不同。）

雖然每個人會因為背景及個性上的不同，而有不同的變動因應方式，我發現有四種行動是強化變動型思維及應用變動超能力的天然催化劑。你現在就可以每一個都做做看。

行動一：讓變動成為生活與工作的一部分

有許多方式可以在家裡、辦公室及搭車時這麼做。但我發現最好的方式，是從戶外開始。去親近大自然，大自然是變動的縮影，也是教我們學習恆常變化的最佳老師。

早在公元前五百年，赫拉克利特已經理解這個道理：大自然變化不歇，卻又在變化中保持不變。大自然不在意種種會震撼世界的變化。季節會變，樹會結果，花會盛開，動物會冬眠，向來都是如此。大自然始終在變，變成與前一刻不同的狀態。運動中的原子會變化，細胞會分裂，空氣與能量也會移動。「人生如同奔流之河。踏入河中，腳下河水永遠與前一刻不同。」[146]大自然有無數變動的實際例子，像是：

- 毛毛蟲結蛹，化為蝴蝶：黏黏的蟲子，竟會展翅而去?!
- 竹子在地底結筍一年多後才會神奇迸發長大：這個植物每天長高三英尺（一公尺），最後會比鋼鐵還堅硬，甚至成為地球上最堅固的材料?![147]
- 海水潮起潮落，既可讓度假聖地風光明媚，也可帶來破壞力十足的颶風：海嘯般的變化！

大自然也與原住民及先人智慧有著密切關係。眼見人類面臨各種棘手問題，從永續經營到社區營造，乃至生態系統的管理，我不時認為，如果人類確實遵循先人智慧，理解他們是如何與自然相處、與變化相處，如今就能夠對變動有更理想且更深刻的認識，當初也許可以做出更好的決策，讓人類活在以下局面的世界：

- 會以關係與永續來衡量成功，包括人與大地的關係。
- 在做計劃時，會以未來世代的福祉作為優先考量，就像第七代原則*所說的：「每考慮一件事情，都要思考對未來七個世代會造成什麼影響。」[148]
- 會輕輕抵禦恐懼情緒，不會當成怪物來逃避。[149]
- 會利用並信任內在智慧，不會等到外來證明有用才去做。
- 不會去預測未來，然而一旦確實掌握內在智慧，對未來走向的感覺便會很準確。

先停下來，想想看你自己目前和大自然的相處模式；想想看讀這本書以前，自己對原住民智慧了解多少。你真的能夠注意到大自然的細微差異嗎？你聽說過辛巴人視力絕佳，或者「金繼」可以運用在人生嗎？知道什麼是餽贈宴嗎？知道足夠與滿足真正的意義嗎？

當你身處大自然，會直接從源頭學習恆常變化。原住民智慧則是人類最棒的寶庫，兩者能夠激發你的變動超能力，讓你學會看見前所未見之事，也讓你學習信任自然的聲音。

---

* 編按：The Seventh Generation Principle，源於易洛魁部族的古老哲學。

用眼睛看，耳朵聽，用心學，應用這些洞見到自己的人生與工作上。提升自己的變動型思維，寫下新腳本的下一篇章。

但勿滿足於故事，
關於他人之遭遇。
展開自己的神話，
解釋不要複雜，
以便人們能夠理解
吾人替你開啟的旅程。

——詩人魯米（Rumi）

行動二：讓變動成為組織的一部分

本書主要著重於個人能力，但這只是開端。一旦調整並應用這些超能力到組織文化，也會有正面效果，舉凡商業模式結構、策略規劃、績效指標、多元性、公平性，乃至包容性等，都會帶來實質改變，不再只是停留在粗淺談論。

舉例來說，針對公司或組織，問問自己以下問題（如果目前沒有工作，就去評估第一個想到的公司或組織）：

- 企業策略若從「集中利益在少數人身上」改為「雨露均霑」，會有什麼結果？能夠跑慢一點、放眼長期，而不只是關注每季利潤的策略，又會有什麼結果？
- 公司若把顧客當成公民而非消費者，會發生什麼事？
- 本於信任與適足的社會契約，實際上包括什麼內容？公司薪酬結構與經營權結構呢？
- 變動的能力會如何影響組織看待風險與責任的方式？

我一再聽說許多組織沒有準備好面對恆常變化。即便是所謂敏捷的組織，也會陷於過時的政策，對市場判斷錯誤，團隊內部出現摩擦（甚至更糟）。組織領袖往往嘴巴說要創新，卻做出抗拒創新的選擇。[150]

肯定有其他書籍在專門探討組織變動，也有相關的工作坊與診斷服務。不過，本書起碼已經帶來不少激盪，特別是以「變動」作為組織宣言與團隊合作方法。

不論你是在私部門、公部門或第三部門工作，組織型態是營利、非營利或公益性質，職務是全職或兼職，身分是員工、承攬人、自僱者或多元職涯者，想像一下，如果組織符合所有八個變動超能力，整個組織與所有同事都知道如何跑慢一點、看見無形的事物，也從信任開始時，會是什麼模樣。想像整個團隊都能更有溫度，也鼓勵你更有溫度。想像新的、適合變動世界的組織型腳本。

如果覺得聽起來不錯，要做的第一步很簡單，就是與同事分享本書內容，開始討論「變動」！

如果你是組織領袖，可以召集團隊成員，一起探討舊腳本，評估變動型思維基準線（參見導言），並分享各自的答案。看看還有誰有興趣撰寫新腳本。（個人經驗告訴我，比較少人想過要這麼做，但當得知可以這麼做的時候，幾乎所有人都想寫下自己的新腳本。）和別人合作，變動會做得更好。

接著，進一步替組織創造會平等重視每個人聲音的新腳本。

畢竟人成功，組織才會成功（人受阻礙，組織也會受到阻礙），道理也適用於變化。比起守著舊腳本不放的團隊，懂得掌握變動超能力的組織人才，會更能準備好去面對充滿變化的未來。

你若不主動改變，將會被迫改變。

——激浪派藝術*創始人喬治・麥修納斯（George Maciunas）

行動三：讓變動成為家庭的一部分

如你所知，人與變化的相處始於內，及於外。不論年紀多大，變動超能力都很有用，越早培養越好。理想上，孩子在成長期間要建立與變化之間健全的關係，及早培養變動型思維，以便終身擁有變動超能力。事實上，無數家長都向我反映，希望可以如此實現。

許多年輕族群（尤其是二十出頭的年輕人）對於生活、工作型態及生存模式有不同的追求，覺得舊腳本漏洞百出，希望獲得新腳本、一份適合目前世界而且能夠指引人生方向的新指南。很多年輕人不想升遷，反而渴望探索未知。本書能夠對他們有幫助，你也可以。

同樣道理，要做的第一步很簡單，就是和孩子談談「變動」，坦誠地分享自己人生中遇過的艱苦變化，聊聊哪些變化最為難熬，哪些變動超能力最有幫助。也可以談談對新腳

---

*編按：The Fluxus Art Movement，一九六〇年代至一九七〇年代間一個激進國際文藝流派，大多數激浪派藝術家以反商業和反藝術為己任，強調概念而非成品的重要性。「Fluxus」一詞便是由喬治・麥修納斯於一九六一年創造出來。

本的想像，但這要視孩子的年紀而定。

當你把變動思維帶入家庭，也將開啟同理、互相依賴與既得權利等方面的對話。什麼是你的變動真實樣貌，別人的變動真實樣貌又是什麼？這是個很棒的方式，能讓孩子理解人類在個人層面與社會層面是多麼關聯密切。

既得權利（或缺乏既得權利）會影響人對變動的看法，有利也有弊。有些既得權利能讓人安然度過變化，有些既得權利則是包袱（像是搭著舊腳本的手扶梯），讓人更難接納變化。

唯有當你意識到自己與別人的既得權利，並且能夠設想在沒有既得權利的情況下也能過著充實人生，你才可以完全面對變動帶來的挑戰。變動型思維要你內省自己，認識自己的既得權利（或缺乏既得權利），了解為何會因此無法接納變化。儘管要做到並不容易，但所有人都應以此為目標，尤其因為既得權利往往前一刻才被視為理所當然（如雙親健在、身體健康或有份工作），下一刻可能就不再是如此。

> 持續改變的自我，就是持續活著的自我。
>
> ——維吉尼亞．吳爾芙（Virginia Woolf）

行動四：讓變動成為世界的一部分

除了談更理想的變動之外，你也有機會提升自己的「變動能力」，以便帶給這個世界（變動詞彙庫？），用來教育並凝聚人們，使變動超能力深入人心。

如今，你有機會去排除這些阻礙，讓該被重視的得到重視，了解到值得人們互相學習的事物還有很多。這是打造堅強變動詞彙的絕佳時機，也迫在眉睫。要開發一套詞彙庫斥為胡謅，或原住民智慧被專家忽略。

如果沒有合適詞彙可以形容「這種狀態」，就很難去談論，更不用說要引起別人真正共鳴。不只變動會遇到這個難題，凡是彆扭、被汙名化或人人避而不談的議題也是如此。明明該學習的很多，卻不去接觸相關資訊，讓人備感挫折。例子包括：瑜珈哲學被企業界

事實上，我從本書寫作過程中發現，談到順應變動，人類語言實在捉襟見肘。人不僅苦於恆常變化，也苦於表達這種狀態。既有語言有韌性與調適能力等詞彙，但有什麼詞彙能夠形容身處變動的漩渦嗎？看來沒有。

就最廣泛的層次而言，你可以成為變動的代言人，投身並幫助「變動」社群重新撰寫集體腳本；你可以促進「變動生命週期」的全新思考，像是：人的變動型思維是如何隨著年紀增長變化？你也可以激勵人們談論變化，唯有如此，才有大幅度真正轉型的可能。

更光明的未來。例如，如何透過變動理論創造衡量社會健康與福祉的指標？有沒有新的國內生產毛額（GDP）指標，可以用來衡量變動？（我認為有。）要不要創造真正有顛覆性、但其威力在有生之年感受不到的事物？這又會指向能夠解答人類許多問題的原住民智慧（許多答案人類也早已知道）。這是全球性的再探索過程。

想在本質屬於稍縱即逝與流動不定的宇宙中追求絕對安穩，顯然自相矛盾。

——英國哲學家艾倫·沃茨（Alan Watts）

對於人性的擁護者來說，這是畢生難求的機會。因為舊腳本已經破損，開啟自己的變動型思維，讓變動超能力得以展現：你將能夠跑得更慢、更沉著，看見無形的事物，放開與目的不符的未來，活在當下，開創未來。

這就是學習變動，現在就是練習的最佳時機，你的新腳本就在不遠處。

準備好了嗎？出發！

討論指南

本書旨在幫助個人與組織調整與不確定性及變化的相處模式，以保持良好且具建設性的未來展望。書中方框內容的目的是讓讀者自省、激起好奇心，並促進對話。許多方框內含題目與習作，讓讀者得以開啟變動型思維，發展變動超能力。下列精選題目（並額外贈送幾題！）除了有助於讀者自行評估「變動力程度」，激發建設性討論外，亦可與朋友、同事、家人、團隊成員、領導班子、互助小組，甚至是陌生人一起練習。除個人使用外，也很適合一對一或小團體場合。請好好享受！

若想獲得更多題目、點子與靈感，請上 fluxmindset.com 網站搜尋。

你的變動型思維基準線

1. 你喜歡什麼樣的變化？討厭什麼樣的變化？
2. 做什麼會讓你覺得有意義、有目的？

3. 在面臨不確定性時，你會求助於誰，又會採取什麼行動？
4. 誰是你不論在任何狀況下都會絕對付出的對象？對什麼事也會這樣絕對付出？
5. 你在成長過程中所受到的教育，是要你畏懼變化，還是接納變化？
6. 哪些事情「造就今天的你」？有多大程度可以歸因為出身（擁有既得權利或缺乏既得權利）？
7. 哪一個字最能說明你與當今變化的關係？

跑慢一點

1. 當某件事情花的時間比預期的久，你會生氣，還是對延宕心存感恩？
2. 你覺得人生哪些方面跑得太快？
3. 從什麼時候開始有壓力要自己跑快一點？當時有注意到這件事嗎？
4. 是誰或什麼原因造成你「需要追求速度」？是你要自己跑快一點，還是別人？
5. 你通常採取什麼應對機制？至今哪些最有助益？哪些需要援助？
6. 如果慢下來，你會有什麼發現？

看見無形的事物

1. 你比較信任自己的大腦，還是自己的心？
2. 同儕要你向右轉時，你是否想過要向左轉？
3. 你能夠察覺無形的模式嗎？
4. 對於主宰自己人生的規則，你察覺到多少？這些規則有多明確？
5. 你享有（或欠缺的）既得權利對你的腳本有何影響？這些是什麼樣的既得權利？

勇於迷途

1. 當你拐錯彎，來到以前沒有去過（也不打算去）的地方時，新地點多半會讓你覺得挫折、害怕，還是好奇？
2. 你多半會視繞路為麻煩，還是歷險？
3. 成長過程中，你是被鼓勵與自己相近的人玩耍，還是與自己不同的人玩耍？這些人是什麼模樣？你學習到什麼？
4. 當你感到不安時，誰或什麼會讓你感到安定，讓你找到方向？

5. 你的世界觀包含多少其他文化或傳統元素？這些腳本與你的腳本哪裡不同？你是如何得知這些腳本的？

從信任開始

1. 一般人是可以信任的嗎？為什麼可以，為什麼不可以？你的答案是取決於哪些因素？
2. 通常別人很快就會信任你，還是很快就會不信任你？
3. 你信任自己嗎？最不信任自己是在什麼時候？
4. 如果一件事情無法被衡量，那麼它存在嗎？
5. 當你請別人「信任自己」時，感覺如何？

明白所需

1. 越多真的越好嗎？為什麼？
2. 送別人禮物，對你而言是一種失去，還是獲得？

3. 你會如何定義「所需」？你對自己的標準是否與別人不同？為什麼？
4. 你是如何定義自己的價值？衡量的指標是什麼？
5. 想一下誰是「明白所需」的代表人物。為何你會如此認為？

打造多元職涯

1. 如果今天失業，你的專業身分會是什麼？
2. 你的職涯最大志向是什麼？可以畫出來嗎？
3. 剛認識一個人的時候，你問對方的第一個問題是什麼（名字除外）？
4. 每隔幾年就轉換跑道，會讓你感到興奮還是害怕？為什麼？
5. 如果可以想當什麼就當什麼，你會想當什麼？

成為更有溫度的人

1. 你多半會以「我」的角度，還是「我們」的角度思考事情？
2. 你是否和科技保持良好平衡？為什麼？

3. 你會如何形容今天的陰陽平衡（或不平衡）狀態？

4. 當你一脫離科技，會對情緒及福祉造成什麼影響？還記得上次一整天沒上網是什麼時候嗎？

5. 你覺得能不能夠「做有溫度的人」？為什麼？你在這方面的經驗，會因為是不是在網路上而有差異嗎？

放下未來

1. 你在做規劃時，多半會期待計畫順利進行，還是不會？

2. 你最常花心思在過去、現在，還是未來？

3. 形容一下最近放下的事情。感覺如何？結果好嗎？

4. 「不知」的感覺如何？

5. 你有沒有對人生做過情境盤點？如果有，結果如何？如果沒有，你會想做嗎？為什麼？

組織型變動與領導力

1. 你會如何評價自己的組織變動的能力？是否特定人員、團隊或部門會比其他更善於「變動」？為何會如此認為？

2. 組織出現出乎意料的延宕或擾亂時，通常會發生什麼事？

3. 想想看自己的領導風格。你對同仁與生意夥伴的期許是要迅速行動、堅持到底，並且（或者）認同你的決策嗎？為什麼？

4. 設法達成別人的期許，感覺如何？期許別人達成自己的要求，感覺又是如何？

5. 與別人分享權力的感覺如何？

看完本書後，「變動」有讓你想到其他問題嗎？

致謝

這本書用了超過二十五年的時間才寫成，提筆寫作既是喜悅、榮幸，也是歷險。對於本書有所貢獻的人士、觀點與文化，我的感激之情，遠非寥寥數頁所能道盡，但我會盡力表示謝意——真的要靠相當多的變動能力才記得住！

若不是有父母 Roland Eugene Rinne 與 Penny Jo (Loffler) Rinne 的支持，這本書無法問世。他們始終是變動的號誌與指引，不論在世或離世後。什麼才是真正重要的事情？爸爸會怎麼說？我想念你們，很開心這本書能讓你們的精神永駐。

非常感謝在我深陷父母離世的低潮時，曾向我伸出援手的人。特別是姊姊 Allison (Rinne) Douglas 幫助我看清這一切，始終是我堅強的楷模。從接到那通電話起至今，母親的孿生姊姊 Paula Yingst、妹妹 Donna Flinders 及整個 Loffler 家族都關愛著我。姪女 Ella 及 Amelia 總是優先考量變動與未來世代，謝謝 Roger 與 Barbara Rinne，也謝謝 Stefan、Roger 及 Carolyn Douglas。

新生大家庭帶給我極為美好的愛，Raggi-Moores 一家人——Judy、Danny、Jessica、

Francesca (Nonna) 與 Frances (Meema)——為我增添了嶄新且飽滿的親情、愛與歸屬感，讓我的心能夠安穩著地。Linda Nelson、Steve、Terry Casey 與 the No More Cru 等人則讓我明白，愛與歡樂隨處可見。Baine 與 Sally Kerr 讓我了解到對別人賦能的真諦，也讓我及早傾聽內心聲音。父母的好友則密切關注我，讓父母的記憶永駐人們心中。

父親是我的導師，也是我最好的朋友。我很幸運，很早就有眾多導師看出我的潛力（儘管本人看不太到），他們也成為我仰首學習的榜樣（儘管人生令人垂頭喪志）。從小學到大學法律系，從課堂上到課堂外，Karen Crosson、Patty Weed、Thomas Lancaster、Priscilla Echols、Jody Usher、Ngaire Woods、Elizabeth Warren、Jonathan Zittrain、Jon Hanson 及 Laurent Jacques 等人激發我的好奇心，鼓勵我探索課業以外之事，各自以不同方式替我的新腳本打下基礎。

如今，我終於了解其他作者說「催生」一本書的意思：想法需要孕育、寫作辛苦又快樂，最後誕生出改變一生的愛的結晶。Berett-Koehler 夥伴團隊是產製方面的翹楚，替出版行業做了最佳示範。Steve Piersanti 是所有作者的夢幻編輯，（我猜）花了上百小時琢磨書稿，每次改稿都讓我驚訝於本書還有這麼多進步空間。BK團隊：Jeevan Sivasubramaniam、Katie Sheehan、Kristin Frantz 及 Valerie Caldwell，感謝你們！謝謝 Mark Fortier及Jessica Pellien 以極溫暖、風趣與機智的方式，向世人介紹本書。Elan Morgan、

Debbie Berne 與 Joaquín González Dorao，感謝你們用創意把我變動不定的構想視覺化並傳達給世人。Ariane Conrad、Ed Frauenheim、John Kador、Stewart Levine、Tim Brandhorst、Carla Banc、TEDxFrankfurt 團隊及ＢＫ作者社群：感謝你們在這趟旅程扮演催化的角色。

心理健康在這本書扮演細微但又不那麼細微的角色，有個人方面的，也有對整個社會應付變動的體會。Ross Cohen、Bryna Livingston、Marlys Kvsager：在此打從心底謝謝你們。也非常感謝 YoYoYogi 社群為我開啟那扇門，讓我能夠把瑜珈哲學與目前變動的世界連結起來。Alex、Terri 及 Kristi Cole、Tori Griesing、Isabel Allen、Galen Fairbanks 與 Rachel Meyer：你們超棒的。

我向來渴望人與人之間除了當同事，也能做朋友，會在工作之餘互相關心，參與對方的人生旅程。Harry Walker Agency 的同事正是明例。Don 與 Ellen Walker、Amy Werner、Meghan Sheehan、Lily Winter、Tiffany Vizcarra、McKinsey Lowrance、Nicki Fleischner、Elizabeth Hernandez、Carolyn Boylan、Molly Cotter、Emily Trievel、Beth Gargano、Suzanne Manzi、John Ksar、Ruben Porras-Sanchez、Gus Menezes、Mirjana Novkovic、Dana Quinn、Miranda Martin：感謝你們（也感謝可能被我遺漏的人）！

多元職涯讓我參與的專業社群更加多元，比起靠自己一個人，借助於同仁可以清楚看到更多產業與組織面臨的變動，不斷促使我去思考，挑戰原先預設，確保言行一致。多年下來，我在Airbnb、Allen & Overy、AnyRoad、Butterfield & Robinson、Institute for the Future、Jobbatical、nexxworks、Sharing Cities Alliance、Trōv、Unsettled 及 Water.org 等公司組織的許多同事，都變成了好朋友。誰怕變化？放馬過來吧！

在變動的人生與職業旅途上，影響我最深的是世界經濟論壇的全球青年領袖（Young Global Leaders，YGL）社群成員。這些人給我源源不絕的靈感，也是我的試驗皿，用來驗證哪些事情重要、哪些不重要。以下是直接或間接促成本書問世的全球青年領袖，名單恐有遺漏，惟已盡力：Hrund Gunnsteinsdóttir、Geraldine 與 James Chin-Moody、Lisa Witter、Niko Canner、Raju Narisetti、Amy Cuddy、Elaine Smith、Brett House、Valerie Keller、Nilmini Rubin、Binta Brown、Aaron Maniam、Nili Gilbert、Robyn Scott、Kristen Rechberger、Enric Sala、Dave Hanley、Geoff Davis、Julia Novy-Hildesley、Ailish Campbell、Peter Lacy、David Rosenberg、Cori Lathan、Adam Werbach、Adam Grant、Drue Kataoka、Lucian Tarnowski、Hannah Jones、Ian Solomon、John McArthur、Werner Wutscher、Eduardo Cruz……你們是變動的明燈。也感謝 YGL 過去及目前的團隊成員：John Dutton、Mariah Levin、David Aikman、Eric Roland、Kelsey Goodman、Merit Berhe、Shareena Hatta……謝謝讓我們湊在一起爭吵。

本書受惠於太多人的想法、回饋、觀點與啟發，有時候當事人並不知情。Marti Spiegelman、Kevin Cavenaugh、Heather McGowan、Mara Zepeda、Vanessa Timmer、Juliet Schor、

Gary 與 Heidi Bolles、Julie Vens de Vos、Peter Hinssen、George Butterfield、David Kessler、David Nebinski、Allegra Calder、Mike Macharg、Estee Solomon Gray、Astrid Scholz、Manisha Thakor、Jonathan Kalan、Michael Youngblood、Karoli Hindriks、Jerry's Retreaters、Relationship Economy eXpedition (REX) 及 Open Global Mind (OGM) 等人與群體多年來給我的洞見與啟發，也提供寫作方面的協助。Joy Batra、Saskia Akyil、Anne Janzer、Chris Shipley、Laura Fronckiewicz、Ann Lemaire、Clark Quinn、Rollie Cole 及 Stephi Galloway 則對草稿提供寶貴意見。還有老早就不斷鼓舞我的好朋友們：Marta Zoppetti、Daniela Gangale、Jay Turner, Sharon Jones、Jenny Ellickson、Jane Stoever、Anna Tabor、Jen Harrison、Trisha Anderson、Lea Johnston、Gaurav Misra、Noah Messing、Stirling Spencer 及一九九三至九四年 University College 研究生學生會（MCR）的超棒成員。嘆氣：真的很擔心名單有所遺漏。

當年創立變動型思維探索社（Flux Mindset Xplorers Club，FMXC），用意是讓大家一起探討如何順應變化。FMXC 始終帶來歡樂、多元、參與感、學習與分享。非常感謝每位社員。（若想參加，請上 fluxmindset.com 登記！）

最後，我要對 Jerry Michalski 致上無盡謝意。謝謝你相信我，始終支持我、愛我，包容我的怪癖（忍受力往往比我還強），也謝謝你貢獻重要想法，出色地幫我去蕪存菁，並且在人生、愛情、旅行與變動中，當我的絕佳夥伴。

參考資料

1 For example, the effects of the First Industrial Revolution took more than one hundred years (i.e., several generations) to be fully felt. Today's Fourth Industrial Revolution will take a fraction of that.

2 *Cambridge Dictionary*, s.v. "Flux," https://dictionary.cambridge.org/us/dictionary/english/flux (accessed December 26, 2020).

3 *Merriam-Webster*, s.v. "Flux," https://www.merriam-webster.com/dictionary/flux (accessed December 26, 2020).

4 Steven Smith, The Satir Change Model, October 4, 1997, https://stevenmsmith.com/ar-satir-change-model/ (accessed December 27, 2020).

5 Adrian F. Ward, Kristen Duke, Ayelet Gneezy, and Maarten W. Bos, "Brain Drain: The Mere Presence of One's Own Smartphone Reduces Available Cognitive Capacity," *Journal of the Association for Consumer Research* 2, no. 2 (April 2017), https://doi.org/10.1086/691462 (accessed September 26, 2020).

6 Dan Chisholm, Kim Sweeny, Peter Sheehan, Bruce Rasmussen, Filip Smit, and Pim Cuijpers, "Scaling-Up Treatment of Depression and Anxiety: A Global Return on Investment Analysis," *Lancet Psychiatry*, April 12, 2016, https://doi.org/10.1016/S2215-0366(16)30024-4 (accessed September 25, 2020).

7 American College Health Association, "Fall 2018 National College Health Assessment," https://www.acha.org/documents/ncha/NCHA-II_Fall_2018_Undergraduate_Reference_Group_Data_Report.pdf (accessed September 25, 2020); Nicole J. LeBlanc and Luana Marques, "Anxiety in College: What We Know and How to Cope," *Harvard Medical School Health*

Publishing, May 28, 2019, https://www.health.harvard.edu/blog/anxiety-in-college-what-we-know-andhow-to-cope-2019052816729 (accessed September 25, 2020).

8 Carol Dweck, *Mindset: The New Psychology of Success* (Ballantine, 2007).

9 Leaders on Purpose, "The CEO Study: A Longitudinal Study of the Leadership of Today and Tomorrow," 2019, https://www.leadersonpurpose.com/ceo-research (accessed September 25, 2020).

10 Jeremy Heimans and Henry Timms, *New Power: How Power Works in Our Hyperconnected World—and How to Make It Work for You* (Doubleday, 2018).

11 James Guthrie and Deepak Datta, "Dumb and Dumber: The Impact of Downsizing on Firm Performance as Moderated by Industry Conditions," *Organization Science* 19, no. 1 (2008), https://econpapers.repec.org/article/inmororsc/v_3a19_3ay_3a2008_3ai_3a1_3ap_3a108-123.htm (accessed September 23, 2020).

12 Jennifer Senior, "More People Will Be Fired in the Pandemic. Let's Talk about It," *New York Times*, June 14, 2020, https://www.nytimes.com/2020/06/14/opinion/layoffs-coronavirus-economy.html (accessed September 23, 2020).

13 Steve Bradt, "Wandering Mind Is Not a Happy Mind," *Harvard Gazette*, November 11, 2010, https://news.harvard.edu/gazette/story/2010/11/wanderingmind-not-a-happy-mind/ (accessed September 20, 2020).

14 Anne Helen Petersen, "How Millennials Became the Burnout Generation," BuzzFeed, January 5, 2019, https://www.buzzfeednews.com/article/annehelenpetersen/millennials-burnout-generation-debt-work (accessed September 27, 2020).

15 Josh Cohen, "Millennial Burnout Is Real, but It Touches a Serious Nerve with Critics. Here's Why." NBC News, February 23, 2019, https://www.nbcnews.com/think/opinion/millennial-burnout-real-it-touches-serious-nerve-critics-here-sncna974506 (accessed September 27, 2020).

16 Olga Mecking, "The Case for Doing Nothing," *New York Times*, April 29, 2019, https://www.nytimes.com/2019/04/29/smarter-living/the-case-for-doing-nothing.html (accessed December 29, 2020).

17 Sophia Gottfried, "Niksen Is the Dutch Lifestyle Concept of Doing Nothing—and You're About to See It Everywhere," *Time*, July 12, 2019, https://time.com/5622094/what-is-niksen/ (accessed September 27, 2020).

18 Benjamin Baird, Jonathan Smallwood, Michael D. Mrazek, Julia W. Y. Kam, Michael S. Franklin, and Jonathan W. Schooler, "Inspired by Distraction: Mind Wandering Facilitates Creative Incubation," *Psychological Science* 23, no. 10(October 2012), https://doi.org/10.1177/0956797612446024 (accessed September 27, 2020).

19 The School of Life, "Wu Wei: Doing Nothing," https://www.theschooloflife.com/thebookoflife/wu-wei-doing-nothing/ (accessed September 26, 2020).

20 Tim Kasser, *The High Price of Materialism* (Bradford, 2002); Tim Kasser, interview for The True Cost, https://truecostmovie.com/tim-kasser-interview/(accessed September 27, 2020).

21 *Merriam-Webster*, s.v. "Consume," https://www.merriam-webster.com/dictionary/consume (accessed December 26, 2020).

22 Qing Li, "'Forest Bathing' Is Great for Your Health. Here's How to Do It," *Time*, May 1, 2018, https://time.com/5259602/japanese-forest-bathing/ (accessed December 29, 2020).

23 Tiffany Shlain, "Tech Shabbats," Let It Ripple, https://www.letitripple.org/about/tiffany-shlain/technology-shabbats/ (accessed December 30, 2020).

24 Bessel van der Kolk, *The Body Keeps the Score: Brain, Mind, and Body in the Healing of Trauma* (Penguin, 2015).

25 Patrizia Collard and James Walsh, "Sensory Awareness Mindfulness Training in Coaching: Accepting Life's Challenges," *Journal of Rational-Emotive & Cognitive-Behavior Therapy* 26 (2008). https://doi.org/10.1007/s10942-007-0071-4 (accessed September 26, 2020).

26 Jason Crandell, "How Speed Gets Trapped in the Body with Tias Little," Yogaland podcast, January 21, 2019, https://www.jasonyoga.com/podcast/episode137/(accessed September 27, 2020).

27 Frank Partnoy, *Wait: The Art and Science of Delay* (PublicAffairs, 2012).

28 Daniel Kahneman, *Thinking Fast and Slow* (Farrar, Straus and Giroux, 2013).
29 Kahneman.
30 Frank Partnoy, *Wait.* (PublicAffairs, 2012).
31 Frank Partnoy, "Waiting Game," *Financial Times*, June 22, 2012, https://1icz9g2sdfe31jz0lglwdu48-wpengine.netdna-ssl.com/wp-content/uploads/2012/08/Novak-Djokovic-Waiting-Game.pdf (accessed September 20, 2020).
32 Frank Partnoy, "Act Fast, but Not Necessarily First," *Harvard Business Review*, July 13, 2012, https://hbr.org/2012/07/act-fast-not-first (accessed December 29, 2020).
33 Woody Tasch, "Inquiries into the Nature of Slow Money," Slow Money Institute, May 2010, https://slowmoney.org/publications/inquiries-into-the-nature-ofslow-money (accessed September 27, 2020).
34 Patrick McGinnis, "Social Theory at HBS: McGinnis' Two FOs," *Harbus*, May 10, 2004, https://harbus.org/2004/social-theory-at-hbs-2749/ (accessed September 20, 2020).
35 Rosie Bell, "JOMO," BBC, July 21, 2019, https://www.bbc.com/worklife/article/20190718-jomo (accessed September 26, 2020).
36 Patrick McGinnis and Greg McKeown, "Less Is More: The Power of Essentialism," FOMO Sapiens podcast, season 4, episode 17, July 2020, https://hbr.org/podcast/2020/07/less-is-more-the-power-of-essentialism (accessed September 26, 2020).
37 George Butterfield, interview by author, July 22, 2020.
38 Exploring Your Mind, "Sawubona: An African Tribe's Beautiful Greeting," October 17, 2018, https://exploringyourmind.com/sawubona-african-tribegreeting/(accessed September 19, 2020).
39 David Robson, "The Astonishing Vision and Focus of Namibia's Nomads," BBC, June 26, 2020, https://www.bbc.com/future/article/20170306-the-astonishing-focus-of-namibias-nomads (accessed September 26, 2020); Jan W. de Fockert, Serge Caparos, Karina J. Linnell and Jules Davidoff, "Reduced Distractibility in a Remote Culture," PLoS ONE 6 (October 2011), https://doi.

org/10.1371/journal.pone.0026337 (accessed September 26, 2020).
40 *Merriam-Webster*, s.v. "Orenda," https://www.merriam-webster.com/dictionary/orenda (accessed December 26, 2020).
41 David Robson, "How East and West Think in Profoundly Different Ways," BBC, January 19, 2017, https://www.bbc.com/future/article/20170118-how-east-andwest-think-in-profoundly-different-ways (accessed September 26, 2020).
42 Esther Hsieh, "Rice Farming Linked to Holistic Thinking," *Scientific American*, November 1, 2014, https://www.scientificamerican.com/article/rice-farminglinked-to-holistic-thinking/ (accessed September 26, 2020).
43 Shane Parrish, "Preserving Optionality: Preparing for the Unknown," Farnam Street, March 2020, https://fs.blog/2020/03/preserving-optionality/ (accessed September 26, 2020).
44 Frank Trentmann, "How Humans Became 'Consumers': A History," *Atlantic*, November 28, 2016, https://www.theatlantic.com/business/archive/2016/11/howhumans-became-consumers/508700/ (accessed September 26, 2020).
45 Dave Donnan, "The Kearney Global Future Consumer Study," A.T. Kearney, 2017, https://www.kearney.com/web/consumers-250/article/?/a/influence-vs-affluencethe-changing-menu-of-food-choices-article (accessed September 26, 2020).
46 Rick Levine, Christopher Locke, Doc Searls, and David Weinberger, *The Cluetrain Manifesto*, 10th anniversary edition (Basic Books, 2009).
47 Diane Coyle, "Rethinking GDP," *Finance & Development* 54, no. 1 (2017), https://www.imf.org/external/pubs/ft/fandd/2017/03/coyle.htm (accessed September 26, 2020).
48 The New Citizenship Project, "This Is The #CitizenShift," https://www.citizenshift.info/ (accessed January 2, 2021).
49 Todd Sattersten, "I've Been Thinking . . . (#13)," June 18, 2020, https://toddsattersten.com/2020/06/18/ive-been-thinking-13/ (accessed November 6, 2020).
50 Laura Huang, "The Well-Balanced Meal MBA Reading List," June 26, 2020, https://laurahuang.net/the-well-balanced-meal-mba-reading-list/ (accessed September 26, 2020).

51 Bernhard A. Sabel, Jiaqi Wang, Lizbeth Cardenas-Morales, Muneeb Faiq, and Christine Heim, "Mental Stress as Consequence and Cause of Vision Loss," *EPMA Journal* 9 (2018), https://doi.org/10.1007/s13167-018-0136-8 (accessed September26, 2020).

52 April Rinne, "Handstands," https://aprilrinne.com/handstands (accessed October 31, 2020).

53 Judi Ketteler, "If Life Has You Down, Do a Handstand," *New York Times*, May 4, 2017, https://www.nytimes.com/2017/05/04/well/move/if-life-has-you-down-doa-handstand.html (accessed October 31, 2020).

54 Jane Goodall, "Make A Difference," Jane Goodall Institute, November 16, 2015, https://news.janegoodall.org/2015/11/16/make-a-difference/ (accessed February 25, 2021).

55 Paul Gompers and Silpa Kovvali, "The Other Diversity Dividend," *Harvard Business Review*, https://hbr.org/2018/07/the-other-diversity-dividend (accessed September 16, 2020); McKinsey, "Diversity Wins," https://www.mckinsey.com/featured-insights/diversity-and-inclusion/diversity-wins-how-inclusion-matters(accessed September 16, 2020).

56 Joanna Macy, "Entering the Bardo," *Emergence Magazine*, https://emergencemagazine.org/story/entering-the-bardo/ (accessed September14, 2020).

57 The School of Life, "The History of Ideas: Wabi-sabi," https://www.youtube.com/watch?v=QmHLYhxYVjA (accessed September 14, 2020).

58 The School of Life, "Eastern Philosophy: Kintsugi," https://www.youtube.com/watch?v=EBUTQkaSSTY (accessed December 26, 2020).

59 David Brooks, "This Is How Scandinavia Got Great," *New York Times*, February 13, 2020, https://www.nytimes.com/2020/02/13/opinion/scandinavia-education.html (accessed September 14, 2020).

60 Manisha Aggarwal-Schifellite and Juan Siliezar, "Three Takes on Dealing with Uncertainty," *Harvard Gazette*, July 10, 2020, https://news.harvard.edu/gazette/story/2020/07/3-takes-on-dealing-with-uncertainty/ (accessed September14, 2020).

61 Amitav Ghosh, "What the West Doesn't Get about the Climate Crisis," Deutsche Welle (DW), https://www.dw.com/en/amitav-ghosh-what-the-west-doesnt-getabout-the-climate-crisis/a-50823088 (accessed September 14, 2020).

62 *The Adventure Diary*, "Coddiwomple," https://adventurediary.co/coddiwompledefinition/(accessed September 14, 2020).

63 Nancy Osborn, "The Theory of Coddiwomple," TEDxOrillia, May 16, 2019, https://www.youtube.com/watch?v=h4ReT52nJA8 (accessed September 14, 2020).

64 Edelman, "2020 Edelman Trust Barometer," https://www.edelman.com/trustbarometer (accessed September 19, 2020).

65 Rutger Bregman, *Humankind: A Hopeful History* (Little, Brown, 2020).

66 Rachel Botsman, "Trust-Thinkers," Medium, July 26, 2018, https://medium.com/@rachelbotsman/trust-thinkers-72ec78ec3b59 (accessed October 4, 2020).

67 Botsman.

68 Jerry Michalski, "Trust Unlocks Creativity (and Genius)," Jerry's Brain, https://bra.in/9v2mVe (accessed September 19, 2020).

69 Jerry Michalski, "Design from Trust," September 21, 2018, https://www.youtube.com/watch?v=6di2OBPKmkc (accessed September 19, 2020).

70 Shoshana Zuboff, *The Age of Surveillance Capitalism* (Public Affairs, 2019).

71 Moreover, between 1978 and 2019, CEO pay grew by 1,167%, while compensation of typical workers grew by just 13.7% over the same period. See Lawrence Mishel and Jori Kandra, "CEO Compensation Surged 14% in 2019 to $21.3 Million," Economic Policy Institute, August 18, 2020, https://files.epi.org/pdf/204513.pdf(accessed January 2, 2021).

72 Nicholas Bloom, Scott Ohlmacher, Cristina Tello-Trillo, and Melanie Wallskog, "Better-Managed Companies Pay Employees More Equally," *Harvard Business Review*, March 6, 2019, https://hbr.org/2019/03/research-better-managedcompanies-pay-employees-more-equally (accessed December 30, 2020).

73 Oxfam International, "Time to Care," January 20, 2020, https://www.oxfam.org/en/press-releases/worlds-billionaires-have-

more-wealth-46-billion-people(accessed September 16, 2020).
74 ExO World, "Jerry Michalski on Trust," April 15, 2020, https://youtu.be/rlo8d7F5hdo?t=256 (accessed September 19, 2020).
75 Shoshana Zuboff, *The Age of Surveillance Capitalism: The Fight for a Human Future at the New Frontier of Power* (PublicAffairs, 2019).
76 David Gordon White, *The Yoga Sutra of Patanjali: A Biography* (Princeton University Press, 2014).
77 Frits Staal, *Discovering the Vedas: Origins, Mantras, Rituals, Insights* (Penguin Global, 2009).
78 Don Miguel Ruiz, *The Four Agreements: A Practical Guide to Personal Freedom*(A Toltec Wisdom Book) (Amber-Allen, 1997).
79 Matthew Wall, "Wikipedia Editing Rules in a Nutshell," BBC News, April 22, 2015, https://www.bbc.com/news/technology-32412121 (accessed December 30, 2020).
80 Patty McCord, "How Netflix Reinvented HR," *Harvard Business Review*, January 2014, https://hbr.org/2014/01/how-netflix-reinvented-hr (accessed December 30, 2020).
81 CNN Staff, "The Philosophy of Doma India," CNN, October 9, 2014, https://www.cnn.com/2014/10/09/sport/horse-yoga-argentina/index.html (accessed December 30, 2020).
82 Jerry Michalski, "Why You Love Design from Trust," July 24, 2019, https://medium.com/@jerrymichalski/why-you-love-design-from-trust-f9afdfc08e2e(accessed September 19, 2020).
83 Jerry Michalski, "Not Naive Trust," August 22, 2016, https://www.youtube.com/watch?v=e-2NaSxJPJk (accessed September 19, 2020).
84 Jerry Michalski, "Design from Trust," https://www.designfromtrust.com (accessed September 19, 2020).
85 Juliet Schor, *Plenitude: The New Economics of True Wealth* (Penguin, 2010).
86 Peter Goodman, "The Robots Are Coming, and Sweden Is Fine," *New York Times*, December 27, 2017, https://www.nytimes.

com/2017/12/27/business/the-robotsare-coming-and-sweden-is-fine.html (accessed September 16, 2020).

87 Kevin Cavenaugh, "How Much Is Enough?" TEDx Talks, April 2018, https://www.ted.com/talks/kevin_cavenaugh_how_much_is_enough (accessed September16, 2020).

88 Kevin Cavenaugh, interview by author, July 14, 2020.

89 Dotan Leshem, "Retrospectives: What Did the Ancient Greeks Mean by Oikonomia?," *Journal of Economic Perspectives* 30 (2016): 225–31, https://pubs.aeaweb.org/doi/pdf/10.1257%2Fjep.30.1.225 (accessed September 16, 2020).

90 Robert Reich, "When Bosses Shared Their Profits," *New York Times,* June 25, 2020, https://www.nytimes.com/2020/06/25/opinion/sunday/corporate-profitsharing-inequality.html (accessed September 16, 2020).

91 Oxfam International, "Time to Care," January 20, 2020, https://www.oxfam.org/en/press-releases/worlds-billionaires-have-more-wealth-46-billion-people(accessed September 16, 2020).

92 Kate Raworth, *Doughnut Economics: Seven Ways to Think Like a Twenty-First-Century Economist* (Chelsea Green, 2017).

93 Daniel Pink, "Drive: The Surprising Truth about What Motivates Us," RSA, April 1, 2010, https://youtu.be/u6XAPnuFjJc (accessed September 16, 2020).

94 Thomas Oppong, "The Hedonic Treadmill: Why People Are Never Happy and How You Can Change That," Mind Cafe, April 23, 2020, https://medium.com/mind-cafe/the-hedonic-treadmill-why-people-are-never-truly-happy-and-howyou-can-change-that-c1743ee9f7e5 (accessed December 26, 2020).

95 Morgan Housel, "Fat, Happy, and in over Your Head," Collaborative Fund, September 17, 2019, https://www.collaborativefund.com/blog/fat-happy-and-inover-your-head/ (accessed November 6, 2020).

96 Joe Pinsker, "The Reason Many Ultrarich People Aren't Satisfied with Their Wealth," *Atlantic*, December 4, 2018, https://www.theatlantic.com/family/archive/2018/12/rich-people-happy-money/577231/ (accessed September16, 2020).

97 Adam Grant, *Give and Take* (Viking, 2013).

98 Rolf Sovik, "Brahmacharya: The Middle Path of Restraint," Yoga International, https://yogainternational.com/article/view/brahmacharya-the-middle-path-ofrestraint(accessed September 16, 2020).

99 U'Mista Cultural Society, "Potlatch," https://umistapotlatch.ca/potlatch-eng.php(accessed December 26, 2020).

100 Steven Kurutz, "How to Retire in Your 30s with $1 Million in the Bank," *New York Times*, September 1, 2018, https://www.nytimes.com/2018/09/01/style/firefinancial-independence-retire-early.html (accessed September 16, 2020).

101 Anne Tergesen and Veronica Dagher, "The New Retirement Plan: Save Almost Everything, Spend Virtually Nothing," *Wall Street Journal*, November 3, 2018, https://www.wsj.com/articles/the-new-retirement-plan-save-almost-everythingspend-virtually-nothing-1541217688 (accessed September 16, 2020).

102 Charlotte Cowles, "A FIRE That Burns Too Male and Too White," *New York Times*, June 7, 2019, https://www.nytimes.com/2019/06/07/business/fire-womenretire-early.html (accessed September 16, 2020); Vicki Robin, "My Life with FIRE," https://vickirobin.com/my-life-with-fire/ (accessed September 16, 2020); Vicki Robin, *Your Money or Your Life* (Penguin, 2008).

103 Daniel Cordaro, "What If You Pursued Contentment Rather Than Happiness?," *Greater Good Magazine*, May 27, 2020, https://greatergood.berkeley.edu/article/item/what_if_you_pursued_contentment_rather_than_happiness (accessedNovember 1, 2020).

104 Cordaro.

105 Glennon Doyle, "Lessons from the Mental Hospital," TEDx Talks, May 31, 2013, https://www.youtube.com/watch?v=NHHPNMIK-fY&vl=en (accessed September 16, 2020).

106 April Rinne, "The Career of the Future Looks More Like a Portfolio Than a Path," Quartz at Work, February 27, 2018, https://qz.com/work/1217108/the-careerof-the-future-looks-more-like-a-portfolio-than-a-path/ (accessed September 18, 2020).

107 Bruce Henderson, "The Product Portfolio," Boston Consulting Group, January 1, 1970, https://www.youtube.com/watch?v=EezmRPE3fpQ (accessed September 18, 2020).

108 April Rinne, "Handstands," https://aprilrinne.com/handstands (accessed October 4, 2020).

109 Lawrence Katz and Alan Krueger, "The Rise and Nature of Alternative Work Arrangements in the United States, 1995–2015," National Bureau of Economic Research Working Paper No. 22667, September 2016, https://www.nber.org/papers/w22667 (accessed September 18, 2020).

110 Melissa Korn, "Some 43% of College Grads Are Underemployed in First Job," *Wall Street Journal*, October 26, 2018, https://www.wsj.com/articles/study-offersnew-hope-for-english-majors-1540546200 (accessed September 19, 2020).

111 Upwork and Freelancers Union, "Freelancing in America 2017," October 17, 2017, https://www.upwork.com/press/2017/10/17/freelancing-in-america-2017/(accessed September 19, 2020).

112 Upwork and Freelancers Union, "Freelancing in America 2019," October 3, 2019, https://www.upwork.com/press/2019/10/03/freelancing-in-america-2019/(accessed September 19, 2020).

113 Upwork and Freelancers Union, "Freelancing in America 2018," October 31, 2018, https://www.upwork.com/press/2018/10/31/freelancing-in-america-2018/(accessed September 19, 2020).

114 Upwork, "Freelance Forward 2020," September 2020, https://www.upwork.com /documents/freelance-forward-2020 (accessed December 29, 2020).

115 David Graeber, *Bullshit Jobs: A Theory* (Simon & Schuster, 2018).

116 Uri Berliner, "Jobs in the Pandemic: More Are Freelance and May Stay That Way Forever," National Public Radio, September 16, 2020, https://www.npr.org/2020/09/16/912744566/jobs-in-the-pandemic-more-are-freelance-and-maystay-that-way-forever (accessed September 19, 2020).

117 David Clifford, "Forget about T-shaped people. We need X-shaped people." TEDx Talks, September 24, 2019, https://www.youtube.com/watch?v=EezmRPE3fpQ(accessed September 18, 2020).

118 Yukari Mitsuhashi, "Ikigai: A Japanese Concept to Improve Work and Life," British Broadcasting Corporation, August 7, 2017,

https://www.bbc.com/worklife/article/20170807-ikigai-a-japanese-concept-to-improve-work-and-life (accessedSeptember 19, 2020).

119 April Rinne, "One of Estonia's First 'E-Residents' Explains What It Means to Have Digital Citizenship," Quartz at Work, April 1, 2018, https://qz.com/work/1241833/one-of-estonias-first-e-residents-explains-what-it-means-tohave-digital-citizenship/ (accessed December 30, 2020).

120 Quoted in Thomas L. Friedman, "After the Pandemic, a Revolution in Education and Work Awaits," *New York Times*, October 20, 2020, https://www.nytimes.com/2020/10/20/opinion/covid-education-work.html (accessed October 30, 2020).

121 John Hagel, "From the Gig Economy to the Guild Economy," July 21, 2020, https://www.johnhagel.com/from-the-gig-economy-to-the-guild-economy/(accessed September 19, 2020).

122 Enspiral Network, "What's Your 'Meaningful Work' to Do in the World?," https://www.enspiral.com/ (accessed December 30, 2020).

123 Robert Safian, "This Is Generation Flux: Meet the Pioneers of the New (and Chaotic) Frontier of Business," Fast Company, January 9, 2012, https://www.fastcompany.com/1802732/generation-flux-meet-pioneers-new-and-chaoticfrontier-business (accessed December 26, 2020).

124 Tiffany May, "For Chinese Pedestrians Glued to Their Phones, a Middle Path Emerges," CNBC & *New York Times*, June 8, 2018, https://www.cnbc.com/2018/06/08/for-chinese-pedestrians-glued-to-their-phones-a-middle-pathemerges.html (accessed September 17, 2020).

125 Common Sense Media, "Media Use by Tweens and Teens, 2019," https://www.commonsensemedia.org/research/the-common-sense-census-media-use-bytweens-and-teens-2019 (accessed September 17, 2020); Kristen Rogers, "US Teens Use Screens More Than Seven Hours a Day on Average—and That's Not Including School Work," CNN Health, October 20, 2019, https://www.cnn.com/2019/10/29/health/common-sense-kids-media-use-report-wellness/index.html (accessed September 17, 2020).

126 K. C. Madhav, Shardulendra Prasad Sherchand, and Samendra Sherchan, "Association between Screen Time and Depression among U.S. Adults," National Institutes of Health, August 16, 2017, https://www.ncbi.nlm.nih.gov/pmc/articles/PMC5574844/ (accessed September 17, 2020).

127 Children's Society, "Safety Net: Cyberbullying's Impact on Young People's Mental Health Inquiry Report," https://www.childrenssociety.org.uk/sites/default/files/social-media-cyberbullying-inquiry-full-report_0.pdf (accessed September 17, 2020); DoSomething.Org, "11 Facts about Cyberbullying," https://www.dosomething.org/us/facts/11-facts-about-cyber-bullying (accessed September 17, 2020).

128 Marti Spiegelman, interview by author, October 9, 2020.

129 Spiegelman.

130 Spiegelman.

131 John Bellaimey, "The Hidden Meanings of Yin and Yang," TED-Ed, https://ed.ted.com/lessons/the-hidden-meanings-of-yin-and-yang-john-bellaimey (accessed December 26, 2020).

132 Jerry Michalski, "Why I Do What I Do," June 2, 2011, https://www.youtube.com/watch?v=2dx-6I9Sc6A (accessed January 2, 2021).

133 Emma Hinchliffe, "The Number of Female CEOs in the Fortune 500 Hits an All-Time Record," *Fortune*, May 18, 2020, https://fortune.com/2020/05/18/womenceos-fortune-500-2020/ (accessed September 17, 2020).

134 Rachel Vogelstein and Alexandra Bro, "Women's Power Index," Council on Foreign Relations, May 22, 2020, https://www.cfr.org/article/womens-powerindex(accessed September 17, 2020).

135 Heide Goettner-Abendroth, "Matriarchies Are Not Just a Reversal of Patriarchies: A Structural Analysis," *Feminism and Religion*, February 16, 2020, https://feminismandreligion.com/2020/02/16/matriarchies-are-not-just-a-reversalof-patriarchies-a-structural-analysis-by-heide-goettner-abendroth/ (accessed September 17, 2020).

136 Nilima Bhat, "Shakti Leadership: Why Lead with Only Half Your Power?" EVE talk, July 26, 2019, https://www.youtube.com/watch?v=BSCgYrC2jO8 (accessed September 17, 2020).

137 DQ Institute, "Digital Intelligence (DQ)," https://www.dqinstitute.org/ (accessed September 16, 2020).

138 DQ Institute, "Digital Intelligence (DQ) framework," https://www.dqinstitute.org/dq-framework/ (accessed September 16, 2020).

139 Brene Brown, "Courage: To Speak One's Mind by Telling All One's Heart," February 14, 2019, https://brenebrown.com/blog/2019/02/14/courage-to-speakones-mind-by-telling-all-ones-heart/ (accessed September 17, 2020).

140 Marti Spiegelman, interview by author (part of a group conversation), August 19, 2020.

141 Marti Spiegelman, interview by author, October 9, 2020.

142 Marti Spiegelman, "For Our Well-Being," Leading from Being, May 3, 2020, https://www.linkedin.com/pulse/our-well-being-marti-spiegelman-mfa/(accessed December 29, 2020).

143 Amishi Jha, "How to Tame Your Wandering Mind," TEDx Talks, March 2017, https://www.ted.com/talks/amishi_jha_how_to_tame_your_wandering_mind(accessed September 26, 2020).

144 D. M. Wegner, "Ironic Processes of Mental Control," Psychology Review 101, no. 1 (January 1994), https://doi.org/10.1037/0033-295X.101.1.34 (accessed September 26, 2020).

145 Judson Brewer, "Anxiety is Contagious. Here's How to Contain It," *Harvard Business Review*, March 18, 2020, https://hbr.org/2020/03/anxiety-is-contagiousheres-how-to-contain-it (accessed September 25, 2020).

146 Lindsay Baker, "Why Embracing Change is the Key to a Good Life," BBC, October 8, 2020, https://www.bbc.com/culture/article/20200930-why-embracing-changeis-the-key-to-a-good-life (accessed November 7, 2020).

147 Newsweek Staff, "Stronger Than Steel," *Newsweek*, April 12, 2008, https://www.newsweek.com/stronger-steel-85533 (accessed September 17, 2020).

148 Indigenous Corporate Training, "What Is the Seventh Generation Principle?"https://www.ictinc.ca/blog/seventh-generation-principle (accessed December 26, 2020); Ken Homer, "The Seven Generations vs. the Seventh Generation," Collaborative Conversations, https://www.kenhomer.com/single-post/2018/09/17/The-Seven-Generations-vs-the-Seventh-Generation (accessed December 30, 2020).

149 First People, "Two Wolves: A Cherokee Legend," https://www.firstpeople.us/FP-Html-Legends/TwoWolves-Cherokee.html (accessed December 29, 2020).

150 Jennifer Mueller, *Creative Change: Why We Resist It . . . How We Can Embrace It* (Houghton Mifflin Harcourt, 2017).

變動思維
如何駕馭不穩定的未來，在變局中發展個人、組織、家庭、企業的新腳本

作者／艾波・瑞妮（April Rinne）
譯者／王敏雯、謝孟達
總監暨總編輯／林馨琴
資深主編／林慈敏
行銷企劃／陳盈潔
封面設計／陳文德
內頁排版／新鑫電腦排版工作室

發行人／王榮文
出版發行／遠流出版事業股份有限公司
地址：臺北市中山北路一段 11 號 13 樓
電話：（02）2571-0297
傳真：（02）2571-0197
郵撥：0189456-1

著作權顧問／蕭雄淋律師
2022 年 3 月 1 日　初版一刷
新台幣 定價 390 元（如有缺頁或破損，請寄回更換）

ISBN 978-957-32-9435-1

YLib.com 遠流博識網
http://www.ylib.com
E-mail: ylib @ ylib.com

Flux: 8 Superpowers for Thriving in Constant Change

國家圖書館出版品預行編目資料

變動思維：如何駕馭不穩定的未來,在變局中發展個人、組織、家庭、企業的新腳本／艾波・瑞妮（April Rinne）著；王敏雯, 謝孟達 譯. -- 初版. -- 臺北市：遠流出版事業股份有限公司, 2022.03
320 面：14.8 × 21公分
譯自：Flux : 8 superpowers for thriving in constant change
ISBN 978-957-32-9435-1（平裝）
1. CST: 成功法　2. CST: 自我實現　3. CST: 領導者
177.2　111000666